交通土建研究生工程计算实训系列教材

隧道与地下工程
数值计算及工程应用

王明年　于　丽　刘大刚　郭　春 / 编著

西南交通大学出版社

·成　都·

图书在版编目（CIP）数据

隧道与地下工程数值计算及工程应用 / 王明年等编
著.—成都：西南交通大学出版社，2018.1
交通土建研究生工程计算实训系列教材
ISBN 978-7-5643-5518-0

Ⅰ . ①隧… Ⅱ . ①王… Ⅲ . ①隧道工程 – 数值计算 –
研究生 – 教材②地下工程 – 数值计算 – 研究生 – 教材
Ⅳ . ①U45②TU94

中国版本图书馆 CIP 数据核字（2017）第 143414 号

交通土建研究生工程计算实训系列教材

SUIDAO YU DIXIA GONGCHENG SHUZHI JISUAN JI GONGCHENG YINGYONG
隧道与地下工程数值计算及工程应用

王明年　于　丽　　　　　　　责任编辑／杨　勇
　　　　　　　　／编　著
刘大刚　郭　春　　　　　　　封面设计／墨创文化

西南交通大学出版社出版发行
（四川省成都市二环路北一段 111 号西南交通大学创新大厦 21 楼　610031）
发行部电话：028-87600564
网址：http://www.xnjdcbs.com
印刷：四川煤田地质制图印刷厂

成品尺寸　185 mm×260 mm
印张　12.75　字数　301 千
版次　2018 年 1 月第 1 版
印次　2018 年 1 月第 1 次

书号　ISBN 978-7-5643-5518-0
定价　48.00 元

课件咨询电话：028-87600533
图书如有印装质量问题　本社负责退换
版权所有　盗版必究　举报电话：028-87600562

前　言

随着隧道与地下工程建设技术的不断发展，各类地下工程的建设越来越多，规模也越来越大。而数值计算软件的应用对于解决隧道及地下工程研究与设计过程中的问题有着十分重要的意义。

本书结合大量工程实例的计算分析，融合了领域内的一些研究成果，综合了隧道与地下工程的结构设计、安全运营等方面的数值计算方法和应用，是一本较系统、完整和实用的计算机实用教材。

本书共分为六章，内容包括：

第1章，隧道二维模型建模方法及应用实例。本章重点介绍了荷载-结构模型和地层结构-模型的相关计算。

第2章，机械开挖隧道建模方法及应用实例。本章重点介绍了TBM开挖和盾构掘进过程中的三维施工过程。

第3章，特殊围岩隧道建模方法及应用实例。本章重点介绍了卵石地层条件下和层状岩条件下的隧道及地下工程数值模拟，分别对PFC和UDEC的应用进行了介绍。

第4章，隧道结构动力建模方法及应用实例。本章重点介绍了三种振动条件下的动力学模拟，包括：隧道爆破导致的振动、列车振动以及地震产生的振动。

第5章，隧道通风建模方法及应用实例。本章重点介绍了隧道施工通风、公路隧道运营通风和铁路隧道运营通风的数值模拟，结合工程实例对FLUENT的应用做了详细的分析。

第6章，隧道防灾救援建模方法及应用实例。本章重点介绍了公路隧道和铁路隧道的防灾救援。分别采用FDS和Building-exodus软件对发生火灾时隧道内的烟气扩散规律及人员疏散进行了详细的模拟和分析。

本书的编写综合了笔者近年来的科研成果，凝聚了诸多工程实例。在本书的编写过程中，参与具体工作的还有晁峰、李琦、舒东利、刘祥、徐瑞、江黎、谢文强。

编者虽然尽了很大努力，但由于学识水平有限，书中不足之处在所难免，敬请读者批评指正。

编　者

2017年6月

目　录

06　第6章　隧道防灾救援建模方法及应用实例 /173

第 1 章　隧道二维模型建模方法及应用实例

1.1 隧道荷载 - 结构模型

1.1.1 工程概况

兰新第二双线线路东起甘肃省省会兰州市，途经青海省民和县、乐都县、平安县至青海省省会西宁，后折向北经大通县、门源县，穿越祁连山山脉进入甘肃省河西走廊西行，经民乐县、张掖市、临泽县、酒泉市、嘉峪关市、玉门市以及新疆维吾尔自治区哈密市、鄯善县、吐鲁番市，西至新疆维吾尔自治区首府乌鲁木齐市。线路正线全长 1 777 km。本书选取兰新二线的某隧道进行建模分析，隧道支护结构如图 1-1 所示，采用荷载 - 结构模型，利用 ANSYS 建模分析。

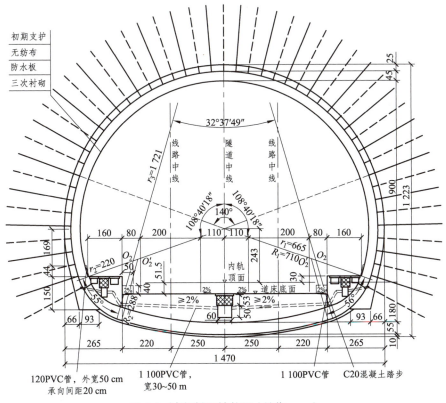

图 1-1　衬砌断面结构图（单位：cm）

支护结构的主要参数如下:

（1）隧道腰部和拱部初期支护厚 25 cm，二次衬砌厚 45 cm，仰拱初期支护厚度为 10 cm，二次衬砌厚度为 55 cm。

（2）初期支护采用 C25 喷射混凝土，二次衬砌采用 C30 混凝土。

（3）隧道围岩级别为Ⅳ级，跨度为 14.7 m，高度为 12.03 m，按深埋隧道考虑。

1.1.2　构建模型

根据隧道支护结构尺寸信息，采用 ANSYS 建模，仅考虑二次衬砌受力，二次衬砌承担 50% 荷载。模型以二次衬砌中心为边界，模型高 11.08 m，宽 13.75 m，每 1 m 划分一个单元，共 45 个梁单元、45 个弹簧单元。模型如图 1-2 所示。

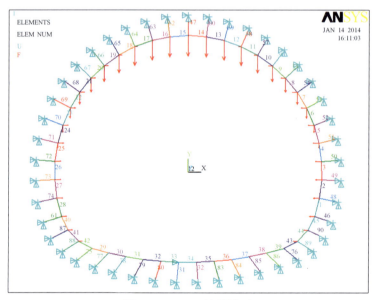

图 1-2　ANYS 计算模型

1.1.3　计算参数

二衬 C30 混凝土以及Ⅳ级围岩的参数见表 1-1。根据《铁路隧道设计规范》可以计算出深埋隧道围岩的垂直和水平均布荷载，如表 1-2 所示。对于竖向和水平的均布荷载，其等效节点力分别近似取节点两相邻单元水平或垂直投影长度的一半衬砌计算宽度这一面积范围内的分布荷载总和。结构自重直接通过 ANSYS 添加密度施加。

表 1-1　围岩及衬砌参数

名称	重度 γ /（kN/m³）	弹性模量 E /GPa	泊松比 υ	弹性反力系数 K /（MPa/m）
Ⅳ级围岩	20	1.5	0.3	500
C30 混凝土	25	32	0.2	—

表 1-2　深埋隧道荷载计算表

荷　载	垂直匀布荷载 /kPa	水平匀布荷载 /kPa
大　小	152.478	34.308

1.1.4　模拟步骤

1. 建立模型

打开 ANSYS，进入前处理器，输入如下命令可初步建立模型：

```
/prep7                    ! 进入前处理器
CSYS, 0                   ! 激活直角坐标系
k, 1, 6.537, – 2.209,     ! 通过直角坐标创建关键点

k, 2, – 6.537, – 2.209,
k, 3, 5.606, 4.023,
k, 4, – 5.606, 4.023,
k, 5, .000, 6.900,
LARC, 1, 5, 3             ! 通过关键点创建圆弧段

LARC, 5, 2, 4

k, 6, 0.000, 13.048,
k, 7, – 4.937, – 3.822,
k, 8, 4.937, – 3.822,
k, 9, – 2.494, – 4.352,
LARC, 7, 8, 9

k, 10, – 4.141, – 1.434,
k, 11, – 6.292, – 2.743,
LARC, 2, 7, 11

k, 12, 4.141, – 1.434,
k, 13, 5.469, – 3.573,
LARC, 8, 1, 13
```

模型如图 1-3 所示。

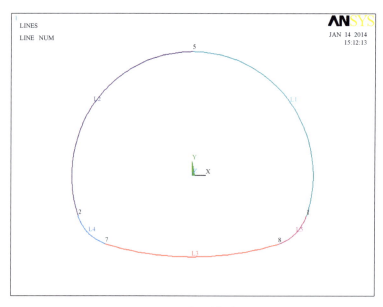

图 1-3 建立模型

2. 为模型赋予属性

模型材料选择为梁单元（beam3），截面的宽度为 1 m，高度为 0.4 m，弹性模量为 32 GPa，泊松比为 0.2，密度为 2 500 kg/m³。赋予属性的命令如下：

```
et, 1, beam3                    !定义单元类型，1 为单元编号

SECTYPE, 1, BEAM, RECT, , 0  !定义截面类型
SECOFFSET, CENT
SECDATA, 1, 0.4

R, 1, 1*0.4, 0.4*0.4*0.4/12, 0.4   !定义实常数
                               !定义材料属性
mp, ex, 1, 32e9                !定义弹性模量
mp, prxy, 1, 0.2              !定义泊松比
mp, dens, 1, 2500            !定义材料密度
```

材料属性的赋予结果如图 1-4 所示。

3. 网格划分

网格划分的命令如下：

```
lsel, s, , , 1, 5, 1          !选择线的编号为 1 ~ 5 的 5 条线
latt, 1, 1, 1                !为这些选择的线赋予材料、实常数以及单元属性
esize, 1                     !控制网格的大小，1 m 划分一个单元
allsel                       !选择所有线
lmesh, 1, 5, 1              !划分网格
```

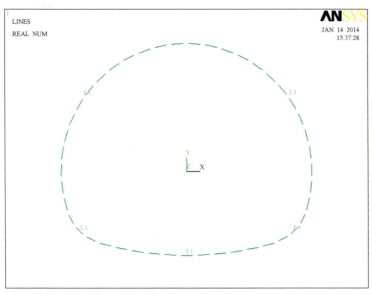

图 1-4 赋予材料属性

模型的网格划分结果如图 1-5 和图 1-6 所示。

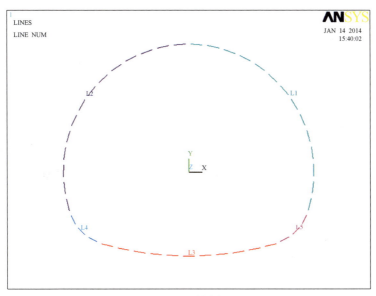

图 1-5 网格划分

4. 创建弹簧单元

创建弹簧单元的命令如下:

```
local, 12, 1, 0, 0              ! 设置以 Z 轴为旋转轴的局部柱坐标系
csys, 12                       ! 激活局部坐标系
psprng, 1, tran, 500000000, 1  ! 在节点处设置径向弹簧, 弹性反力系数 K 为 500 MPa
psprng, 2, tran, 500000000, 1
```

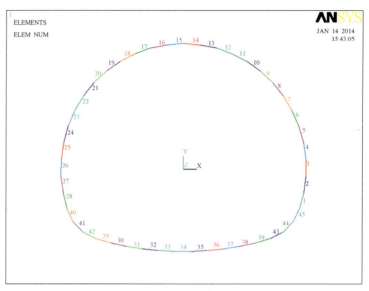

图 1-6　单元编号

psprng, 3, tran, 500000000, 1

psprng, 4, tran, 500000000, 1

psprng, 5, tran, 500000000, 1

……………………………

psprng, 42, tran, 625000000, 1

psprng, 43, tran, 625000000, 1

psprng, 44, tran, 625000000, 1

psprng, 45, tran, 625000000, 1

弹簧单元的创建结果如图 1-7 所示。

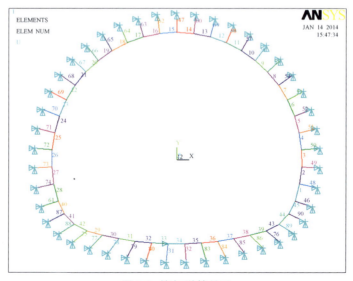

图 1-7　施加弹簧单元

5. 施加约束及荷载

（1）施加节点约束。

施加节点约束的命令如下：

nsel, s, , , 36　　　　　　　　　　　　! 选择第 36 个节点

d, all, ux, 0　　　　　　　　　　　　　! 施加 x 方向的约束

allsel

如图 1-8 所示。

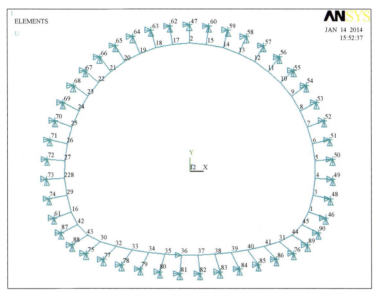

图 1-8　施加节点约束

（2）施加节点荷载。

为了得到节点荷载，首先要准备节点的位置信息。可通过 nlist 命令提取节点位置信息，输入 nlist 后会出现如图 1-9 所示的对话框，将其坐标导出即得表 1-3 所示的节点位置。

```
NLIST   Command
File

LIST ALL SELECTED NODES.    DSYS=      0

  NODE        X          Y          Z        THXY    THYZ    THZX
     1     6.5370    -2.2090     0.0000      0.00    0.00    0.00
     2     0.0000     6.9000     0.0000      0.00    0.00    0.00
     3     6.7755    -1.3059     0.0000      0.00    0.00    0.00
     4     6.8898    -0.37879    0.0000      0.00    0.00    0.00
     5     6.8778     0.55522    0.0000      0.00    0.00    0.00
     6     6.7398     1.4791     0.0000      0.00    0.00    0.00
     7     6.4782     2.3758     0.0000      0.00    0.00    0.00
     8     6.0980     3.2290     0.0000      0.00    0.00    0.00
     9     5.6060     4.0230     0.0000      0.00    0.00    0.00
    10     5.0113     4.7433     0.0000      0.00    0.00    0.00
    11     4.3247     5.3766     0.0000      0.00    0.00    0.00
    12     3.5589     5.9115     0.0000      0.00    0.00    0.00
    13     2.7278     6.3380     0.0000      0.00    0.00    0.00
    14     1.8468     6.6483     0.0000      0.00    0.00    0.00
    15     0.93195    6.8368     0.0000      0.00    0.00    0.00
    16    -6.5370    -2.2090     0.0000      0.00    0.00    0.00
```

图 1-9　节点坐标对话框

表 1-3 节点位置

节点编号	D_X	D_Y
1	6.537	− 2.209
2	0	6.9
3	6.775 5	− 1.305 9
4	6.889 8	− 0.378 79
5	6.877 8	0.555 22
6	6.739 8	1.479 1
7	6.478 2	2.375 8
8	6.098	3.229
9	5.606	4.023
10	5.011 3	4.743 3
11	4.324 7	5.376 6
12	3.558 9	5.911 5
13	2.727 8	6.338
14	1.846 8	6.648 3
15	0.931 95	6.836 8
16	− 6.537	− 2.209
17	− 0.931 95	6.836 8
18	− 1.846 8	6.648 3
19	− 2.727 8	6.338
20	− 3.558 9	5.911 5
21	− 4.324 7	5.376 6
22	− 5.011 3	4.743 3
23	− 5.606	4.023
24	− 6.098	3.229
25	− 6.478 2	2.375 8
26	− 6.739 8	1.479 1
27	− 6.877 8	0.555 22
28	− 6.889 8	− 0.378 79
29	− 6.775 5	− 1.305 9
30	− 4.937	− 3.822
31	4.937	− 3.822
32	− 4.057 5	− 4.055
33	− 3.167 2	− 4.242 1

节点编号	D_X	D_Y
34	− 2.268 4	− 4.382 9
35	− 1.363 5	− 4.476 9
36	− 0.454 89	− 4.524
37	0.454 89	− 4.524
38	1.363 5	− 4.476 9
39	2.268 4	− 4.382 9
40	3.167 2	− 4.242 1
41	4.057 5	− 4.055
42	− 6.183 1	− 2.906 9
43	− 5.632 1	− 3.462 5
44	5.632 3	− 3.462 7
45	6.183 4	− 2.907 1

在提取完节点位置信息之后，通过以下方法来计算节点荷载。

衬砌结构承受主动垂直线性荷载和水平线性荷载，计算时将其转换为节点荷载。假设单元 ij 承受如图 1-10 所示的荷载作用，则节点 i 和节点 j 的等效节点荷载可分别由如下荷载阵列求出：

$$\{F_i\} = \begin{Bmatrix} F_{xi} \\ F_{yi} \\ M_i \end{Bmatrix} = \begin{Bmatrix} -\dfrac{7e_1 + 3e_2}{20}|y_j - y_i| \\ -\dfrac{7q_1 + 3q_2}{20}|x_j - x_i| \\ \dfrac{1}{60}(y_j - y_i)^2(3e_1 + 2e_2) - \dfrac{1}{60}(x_j - x_i)^2(3q_1 + 2q_2) \end{Bmatrix} \quad (1)$$

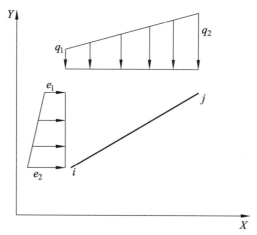

图 1-10　单元 ij 受力图示

$$\{F_j\} = \begin{Bmatrix} F_{xj} \\ F_{yj} \\ M_j \end{Bmatrix} = \begin{Bmatrix} -\dfrac{3e_1 + 7e_2}{20}|y_j - y_i| \\ -\dfrac{3q_1 + 7q_2}{20}|x_j - x_i| \\ \dfrac{1}{60}(y_j - y_i)^2(2e_1 + 3e_2) - \dfrac{1}{60}(x_j - x_i)^2(2q_1 + 3q_2) \end{Bmatrix} \tag{2}$$

节点荷载计算结果如表 1-4 所示。

表 1-4 节点荷载

节点编号	F_X	F_Y
1	− 27 420.62	0
2	0	− 106 411
3	− 31 346.3	− 6 525.46
4	− 31 875.7	− 7 210.54
5	− 31 820.4	− 8 563.59
6	− 31 181.4	− 22 813.4
7	− 29 970.9	− 36 640.7
8	− 28 211.9	− 49 794.4
9	− 25 935.7	− 62 040.4
10	− 23 183.4	− 73 150.2
11	− 20 008	− 82 918.4
12	− 16 466.1	− 91 168
13	− 12 619.3	− 97 744.8
14	− 8 543.04	− 102 522
15	− 4 310.91	− 105 433
16	27 420.62	0
17	4 310.911	− 105 433
18	8 543.037	− 102 522
19	12 619.31	− 97 744.8
20	16 466.07	− 91 168
21	20 007.97	− 82 918.4
22	23 183.35	− 73 150.2
23	25 935.69	− 62 040.4
24	28 211.89	− 49 794.4
25	29 970.85	− 36 640.7
26	31 181.4	− 22 813.4
27	31 820.42	− 8 563.59

续表

节点编号	F_X	F_Y
28	31 875.74	− 7 210.54
29	31 346.34	− 6 525.46
42	21 468.92	0
43	19 031.72	0
44	− 19 031.7	0
45	− 21 468.9	0

施加节点荷载的命令格式如下：

F, 2, Fy, − 106 411.169 34　　　　　！施加竖向的节点荷载

F, 17, Fy, − 105 434.920 08

F, 17, Fx, 4 310.911 206 000 01　　　！施加水平的节点荷载

F, 18, Fx, 8 543.037 384

施加节点荷载后的模型结果如图 1-11 所示。

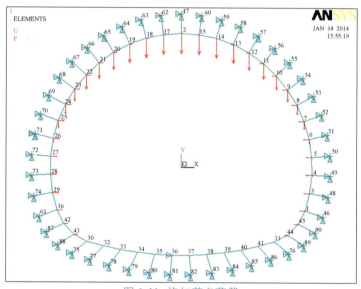

图 1-11　施加节点荷载

（3）施加重力。

施加重力的命令如下：

```
/solu                    ！进入 solution 功能
acel, , 9.8              ！施加重力
```

6. 求　解

```
/solu
antype, 0                ！指定分析类型为静态分析
solve                    ！求解
```

输入上述命令开始求解,直到出现 "Solution is done" 提示栏,如图 1-12 所示,表示求解结束。

图 1-12 求解结束提示栏

1.1.5 计算结果分析

1. 计算分析修改模型

(1)查看二衬结构变形图,命令如下:

/post1   !进入后处理器

pldisp, 1   !重叠显示结构变形前后的形状

显示结果如图 1-13 所示。

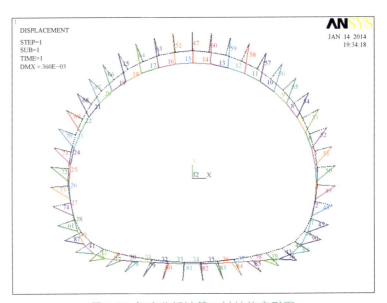

图 1-13 初次分析计算二衬结构变形图

从图 1-13 中可以看出,47、62、63、64、60、59、58 等弹簧单元是受拉的,但用来模拟隧道结构与围岩相互作用的地层弹簧只能承受压力,故必须去掉这些弹簧再重新计算,直到结构变形图中没有受拉弹簧为止。

(2)删除受拉弹簧单元。

通过下列命令删除弹簧单元 47、62、63、64、65、66、60、59、58、57、56。

/prep7   !进入前处理器

```
edele, 56, 60, 1                    !删除单元
edele, 62, 66, 1
edele, 47
```

通过下列命令删除弹簧单元外端的节点：

```
/prep7                              !进入前处理器
ndele, 56, 60, 1                    !删除节点
ndele, 62, 66, 1
ndele, 47
```

（3）第 2 次求解。

执行 1.2.4 节中第 6 步的求解命令再次求解。

（4）查看第 2 次求解的结果变形图，图中显示第 2 次计算仍有受拉弹簧。

（5）再次去掉受拉弹簧，重复上述第（2）~（4）步，直到分析计算二衬结构变形图中没有受拉弹簧为止。

经过反复计算得到没有受拉弹簧时结构的模型，如图 1-14 所示，其对应的分析计算二衬结构变形图如图 1-15 所示。

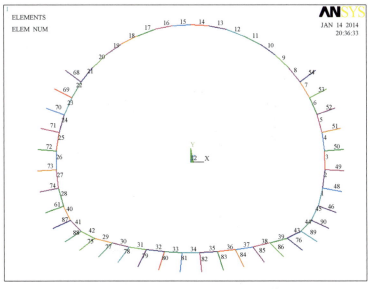

图 1-14　没有受拉弹簧时的二衬结构计算模型

2. 画出主要图形

通过下列命令来制定弯矩、轴力、剪力单元表。

```
/post1                              !进入后处理器
ETABLE, NI, SMISC, 1                !制定轴力单元表
ETABLE, NJ, SMISC, 7
ETABLE, MI, SMISC, 6                !制定弯矩单元表
ETABLE, MJ, SMISC, 12
```

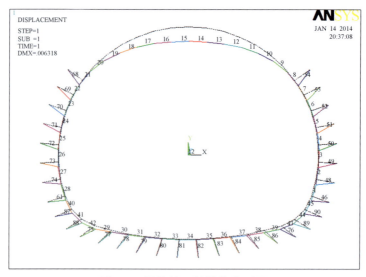

图 1-15　最终的二衬结构变形图

ETABLE, QI, SMISC, 2　　　　　　!制定剪力单元表

ETABLE, QJ, SMISC, 8

制定好的单元表如图 1-16 所示。

图 1-16　弯矩、轴力、剪力单元表

制定好单元表之后,可以通过下列命令来显示弯矩、轴力、剪力图。

(1)显示弯矩图。

输入如下命令可得到二衬弯矩图:

/post1　　　　　　　　　　　　!进入后处理器

PLLS, MI, MJ, -1, 0　　　　　　!显示弯矩图

esel, s, type, , 1　　　　　　!仅显示衬砌单元

弯矩图如图 1-17 所示。

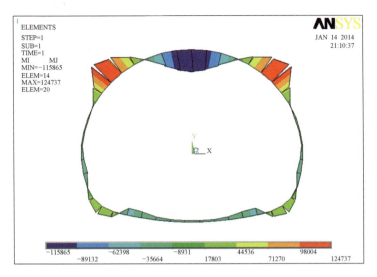

图 1-17　二衬弯矩图（单位：N·m）

（2）显示轴力图。

输入如下命令可得到二衬轴力图：

PLLS, NI, NJ, 1, 0　　　　　　　　　! 显示轴力图

轴力图如图 1-18 所示。

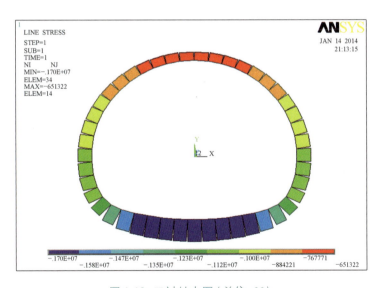

图 1-18　二衬轴力图（单位：N）

（3）显示剪力图。

输入如下命令可得到二衬剪力图：

PLLS, QI, QJ, 1, 0　　　　　　　　! 显示剪力图

二衬剪力图如图 1-19 所示。

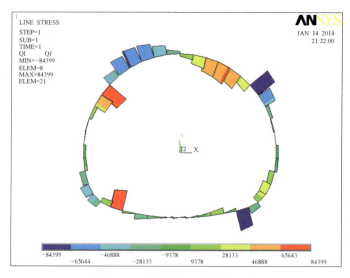

图 1-19　二衬剪力图（单位：N）

1.2　隧道地层 - 结构模型

1.2.1　工程概况

忻州隧道设计为单洞双线隧道，线间距为 5 m。隧道进口里程 DK204 + 580，出口里程 DK207 + 663，全长 3 083 m。在 DK205 + 650 处设置 1 座斜井，长度为 290 m。隧道进口 — DK205 + 190.1 段位于直线上、DK205 + 190.1— 出口端位于 8 000 m 的右偏曲线上。隧道进口 — DK206 + 000 段设 3‰ 的上坡，DK206 + 000— 出口段为 6.16‰ 的上坡。埋深最大为 59 m。

初期支护喷射 35 cm 厚的 C25 混凝土，钢架间距为 60 cm。每三榀在拱部 140° 范围内施做一环 4 m 长的小导管，间距为 30 cm。二衬厚度为 60 cm，C35 混凝土。隧道断面如图 1-20 所示。

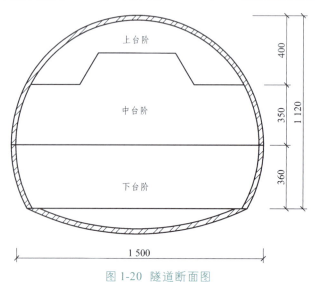

图 1-20　隧道断面图

1.2.2　构建模型

因隧道埋深为 35 m，跨度为 15 m，高度为 11.2 m，所以本次计算模型左右边界取 2 倍洞径 30 m，隧道至上边界 35 m，下边界取 2 倍洞径，模型长 78.32 m、宽 75 m。计算模型如图 1-21 所示。

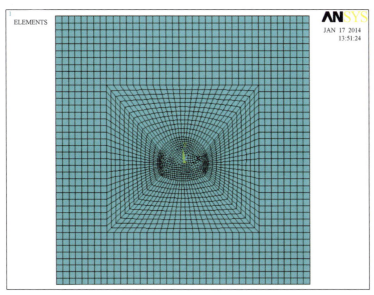

图 1-21　ANSYS 计算模型

1.2.3　计算参数

本次计算中黄土的围岩分级为 V 级，其物理力学参数详见表 1-5。

表 1-5　围岩物理力学参数

名称	重度 γ / (kN/m³)	弹性模量 E /GPa	泊松比 υ	黏聚力 c/ (kPa)	内摩擦角 / (°)	弹性反力系数 K / (MPa/m)
V 级围岩	17	1.0	0.35	50	27	150

1.2.4　模拟步骤

1. 建立模型

（1）创建点和线模型。

在 ANSYS 中输入以下命令可建立隧道结构模型及边界，如图 1-22 所示。

```
/prep7                      !进入前处理器
CSYS, 0                     !激活直角坐标系
k, 1, 6.524, - 3.700        !通过直角坐标创建关键点
k, 2, - 6.524, - 3.700
k, 3, 6.481, 3.775
```

```
k, 4, – 6.481, 3.775
k, 5, .000, 7.500
LARC, 1, 5, 3                          ! 通过关键点创建圆弧段
LARC, 5, 2, 4
k, 6, .000, 9.807
k, 7, – 3.346, – 4.815
LARC, 2, 1, 7
k, 8, 37.500, – 35.193
k, 9, 37.500, – 20.193
l, 8, 9
k, 10, – 37.500, – 35.193
k, 11, – 37.500, – 20.193
l, 10, 11
k, 12, 22.500, – 35.193
l, 8, 12
k, 13, 37.500, 42.500
k, 14, 22.500, 42.500
l, 13, 14
k, 15, – 37.500, 22.500
k, 16, – 22.500, 22.500
l, 15, 16
k, 17, 22.500, – 20.193
l, 9, 17
k, 18, – 22.500, 42.500
l, 18, 16
k, 19, 22.500, 22.500
l, 14, 19
k, 20, – 22.500, – 20.193
l, 20, 2
l, 1, 17
k, 21, – 6.633, 3.500
l, 16, 21
k, 22, 6.633, 3.500
l, 22, 19
k, 23, – 37.500, 42.500
l, 18, 23
k, 24, 37.500, 22.500
l, 19, 24
```

l, 20, 11

k, 25, – 22.500, – 35.193

l, 25, 10

l, 15, 23

l, 24, 13

l, 18, 14

l, 16, 19

l, 20, 17

l, 25, 12

l, 11, 15

l, 9, 24

l, 17, 12

l, 20, 25

l, 20, 16

l, 17, 19

lptn, 2, 14

lptn, 1, 15

ldel, 35

ldel, 37

lcomb, 33, 14

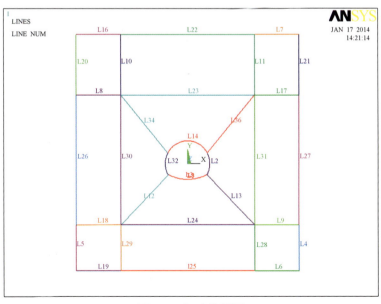

图 1-22　初步模型图

（2）创建面。

输入如下命令，由线组合生成面，如图 1-23 所示。

```
/prep7                          ! 进入前处理器
AL, 14, 3, 32, 2                ! 由线生成面
AL, 23, 34, 14, 36
AL, 3, 24, 12, 13
AL, 30, 32, 12, 34
AL, 2, 31, 36, 13
AL, 16, 20, 8, 10
AL, 10, 22, 23, 11
AL, 11, 7, 17, 21
AL, 8, 26, 18, 30
AL, 31, 17, 9, 27
AL, 18, 5, 29, 19
AL, 24, 29, 25, 28
AL, 28, 9, 6, 4
```

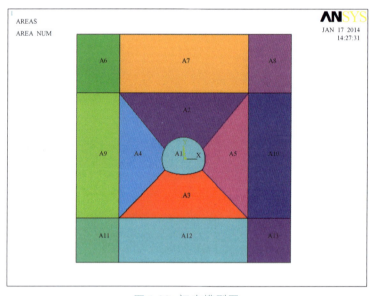

图 1-23 初步模型图

2. 设置单元属性和材料特征

在 ANSYS 中输入如下命令设置单元属性和材料特征。

```
et, 1, beam3                    ! 1 号单元, 支护单元定义为梁单元
et, 2, plane42                  ! 2 号围岩单元, 内部开挖土体
KEYOPT, 2, 3, 2                 ! 将单元设置为平面应变 (plane strain)
et, 3, plane42                  ! 3 号单元, 外部围岩
KEYOPT, 3, 3, 2
R, 1, 1*0.35, 0.35*0.35*0.35/12,  ! 定义实常数
```

0.35	!定义支护材料的弹性模量
mp, ex, 1, 23e9	!定义支护材料的泊松比
mp, prxy, 1, 0.2	!定义支护材料的密度
mp, dens, 1, 2500	!定义开挖部分围岩的材料属性
mp, ex, 2, 1e9	
mp, prxy, 2, 0.35	
mp, dens, 2, 1700	!围岩采用弹塑性模型, 满足 DP 准则
tb, dp, 2	!设置围岩的黏聚力为 50 kPa, 内摩擦角为 27°
tbdata, 1, 0.05e6, 27	!定义外部围岩的材料属性
mp, ex, 3, 1e9	
mp, prxy, 3, 0.35	
mp, dens, 3, 1700	
tb, dp, 3	
tbdata, 1, 0.05e6, 27	

3. 划分网格

输入如下命令将所有面划分单元, 划分结果如图 1-24 所示。

lesize, 23, , , 23	!对选择的线控制网格大小
lesize, 14, , , 23	
lesize, 3, , , 23	
lesize, 24, , , 23	
lesize, 30, , , 22	
lesize, 31, , , 22	
lesize, 2, , , 22	
lesize, 32, , , 22	
lesize, 34, , , 12	
lesize, 36, , , 12	
lesize, 13, , , 12	
lesize, 12, , , 12	
allsel	
	!对支护结构划分网格
lsel, s, , , 2, 3, 1	!选择支护结构所在的线
latt, 1, 1, 1	!对线赋予属性, 材料号 1, 实常数号 1, 单元号 1
lmesh, 2, 3, 1	!划分网格
lsel, s, , , 14, 14, 1	
latt, 1, 1, 1	
lmesh, 14, 14, 1	

```
lsel, s, , , 32, 32, 1
latt, 1, 1, 1
lmesh, 32, 32, 1
asel, s, , , 1, 1, 1                !对开挖部分围岩划分网格
aatt, 2, 1, 2                       !对面赋予属性,材料号2,实常数号1,单元号2
mshap, 0                            !控制网格形状为四边形
amesh, 1, 1, 1                      !划分面单元

asel, s, , , 2, 5, 1                !对外部围岩划分网格
aatt, 3, 1, 3                       !对面赋予属性,材料号3,实常数号1,单元号3
esize, 1                            !控制网格大小为1
mshap, 0
amesh, 2, 5, 1
asel, s, , , 6, 13, 1
aatt, 3, 1, 3
esize, 2
mshap, 0
amesh, 6, 13, 1
```

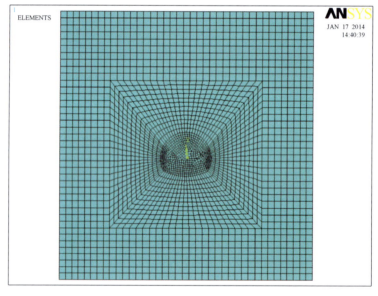

图 1-24　网格划分结果

4. 施加约束及荷载

（1）施加约束条件。

输入如下命令对模型施加约束条件,对围岩左侧和右侧节点,设置约束条件为UX被约束;对围岩底部节点,设置约束为UY被约束,如图1-25所示。

```
allsel
nsel, s, loc, x, -37.5          ! 选择左侧边界节点
nsel, a, loc, x, 37.5           ! 选择右侧边界节点
d, all, ux, 0                   ! 施加 X 方向约束

allsel
nsel, s, loc, y, -35.19         ! 选择底部边界节点
d, all, uy, 0                   ! 施加 Y 方向约束
```

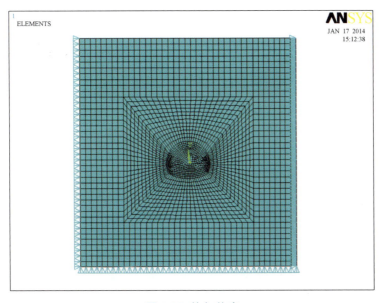

图 1-25　施加约束

（2）施加自重。

设置 Y 方向的加速度 9.8 m/s^2，生成 Y 轴反方向的惯性力。

```
/solu                   ! 进入 solution 处理器
antype, 0               ! 指定分析类型为静态分析
NROPT, full             ! 在静态分析中使用完全的 Newton-Raphson
NLGEOM, 1               ! 打开大变形效果
acel, , 9.8             ! 设置重力加速度
```

1.2.5　计算结果分析

1. 求解初始应力场

（1）自重计算。

岩体在自重应力下会产生初始应力场，这时还未开挖，未施加支护结构，所以要将梁单元"杀死"，然后求解得到初始应力场。相应的命令如下：

```
/solu                    ! 进入 solution 处理器
allsel
esel, s, mat, , 1        ! 选择支护结构单元
ekill, all               ! 杀死支护结构单元
esel, s, live            ! 显示活单元
solve                    ! 求解
```

得到的初始应力场如图 1-26 和图 1-27 所示。输入命令如下：

```
/post1                   ! 进入后处理器
PLNSOL, U, Y, 0, 1.0     ! 显示 Y 方向位移
PLNSOL, S, Y, 0, 1.0     ! 显示 Y 方向应力
```

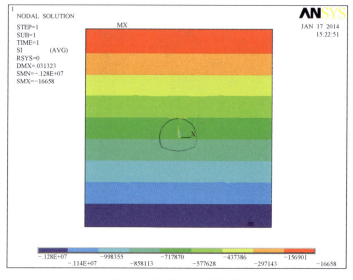

图 1-26 初始应力等值线

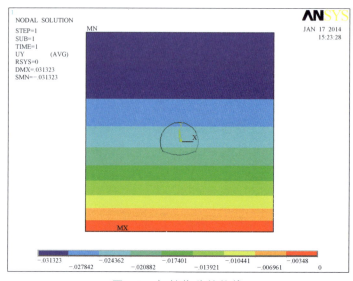

图 1-27 初始位移等值线

（2）提取支护节点数据。

首先，选择开挖部分土体，然后通过 nforce 命令提取节点数据。节点数据见表 1-6。

```
/prep7                  ! 进入前处理器
esel, s, type, , 2      ! 选择开挖部分岩体
/post1                  ! 进入后处理器
nforce                  ! 提取节点力
```

表 1-6　节点数据

NODE	F_X	F_Y	NODE	F_X	F_Y
1	1.13E + 05	− 2.68E + 05	28	− 7.16E + 04	− 4.40E + 05
2	1.59E + 05	1.66E + 05	29	− 6.25E + 04	− 4.47E + 05
3	1.25E + 05	− 1.19E + 05	30	− 5.32E + 04	− 4.52E + 05
4	1.27E + 05	− 1.07E + 05	31	− 4.38E + 04	− 4.57E + 05
5	1.29E + 05	− 9.54E + 04	32	− 3.42E + 04	− 4.60E + 05
6	1.30E + 05	− 8.39E + 04	33	− 2.45E + 04	− 4.63E + 05
7	1.31E + 05	− 7.23E + 04	34	− 1.47E + 04	− 4.65E + 05
8	1.32E + 05	− 6.07E + 04	35	− 4922	− 4.66E + 05
9	1.32E + 05	− 4.91E + 04	36	4896	− 4.66E + 05
10	1.32E + 05	− 3.76E + 04	37	1.47E + 04	− 4.65E + 05
11	1.32E + 05	− 2.62E + 04	38	2.45E + 04	− 4.63E + 05
12	1.31E + 05	− 1.49E + 04	39	3.42E + 04	− 4.60E + 05
13	1.30E + 05	− 3793	40	4.38E + 04	− 4.57E + 05
14	1.29E + 05	7188	41	5.32E + 04	− 4.52E + 05
15	1.28E + 05	1.80E + 04	42	6.25E + 04	− 4.47E + 05
16	1.26E + 05	2.85E + 04	43	7.16E + 04	− 4.40E + 05
17	1.25E + 05	3.89E + 04	44	8.05E + 04	− 4.33E + 05
18	1.23E + 05	4.89E + 04	45	8.92E + 04	− 4.25E + 05
19	1.20E + 05	5.88E + 04	46	9.77E + 04	− 4.16E + 05
20	1.18E + 05	6.83E + 04	47	− 1.59E + 05	1.66E + 05
21	1.15E + 05	7.76E + 04	48	− 2.04E + 05	2.48E + 05
22	1.12E + 05	8.65E + 04	49	− 1.87E + 05	2.78E + 05
23	1.09E + 05	9.51E + 04	50	− 1.70E + 05	3.05E + 05
24	− 1.13E + 05	− 2.68E + 05	51	− 1.52E + 05	3.29E + 05
25	− 9.76E + 04	− 4.16E + 05	52	− 1.33E + 05	3.50E + 05
26	− 8.92E + 04	− 4.25E + 05	53	− 1.13E + 05	3.68E + 05
27	− 8.05E + 04	− 4.33E + 05	54	− 9.32E + 04	3.83E + 05

NODE	F_X	F_Y	NODE	F_X	F_Y
55	$-7.28E+04$	$3.95E+05$	73	$-1.30E+05$	$-8.39E+04$
56	$-5.22E+04$	$4.03E+05$	74	$-1.31E+05$	$-7.23E+04$
57	$-3.14E+04$	$4.09E+05$	75	$-1.32E+05$	$-6.07E+04$
58	$-1.05E+04$	$4.12E+05$	76	$-1.32E+05$	$-4.91E+04$
59	$1.05E+04$	$4.12E+05$	77	$-1.32E+05$	$-3.76E+04$
60	$3.14E+04$	$4.09E+05$	78	$-1.32E+05$	$-2.62E+04$
61	$5.22E+04$	$4.03E+05$	79	$-1.31E+05$	$-1.50E+04$
62	$7.28E+04$	$3.95E+05$	80	$-1.30E+05$	-3818
63	$9.32E+04$	$3.83E+05$	81	$-1.29E+05$	7152
64	$1.13E+05$	$3.68E+05$	82	$-1.28E+05$	$1.80E+04$
65	$1.33E+05$	$3.50E+05$	83	$-1.26E+05$	$2.85E+04$
66	$1.52E+05$	$3.29E+05$	84	$-1.25E+05$	$3.89E+04$
67	$1.70E+05$	$3.05E+05$	85	$-1.23E+05$	$4.90E+04$
68	$1.87E+05$	$2.78E+05$	86	$-1.20E+05$	$5.87E+04$
69	$2.04E+05$	$2.48E+05$	87	$-1.18E+05$	$6.83E+04$
70	$-1.25E+05$	$-1.18E+05$	88	$-1.15E+05$	$7.76E+04$
71	$-1.27E+05$	$-1.07E+05$	89	$-1.12E+05$	$8.65E+04$
72	$-1.29E+05$	$-9.55E+04$	90	$-1.09E+05$	$9.51E+04$

2. 求解开挖并施加初期支护

（1）"杀死"开挖内部围岩，并激活支护单元。输入命令如下：

```
/solu                    ! 进入 solution 处理器
antype, 0
nropt, full, ,
nlgeom, 1
esel, s, mat, , 2        ! 开挖内部围岩
ekill, all
esel, s, mat, , 1        ! 激活支护单元
ealive, all
esel, s, live
```

（2）开挖模拟分析。将提取的节点力进行整理，考虑荷载释放 50%，将节点力全部乘以50%。施加节点荷载命令如下：

```
F,       1     , FX,     5.65E+04  F,      1      , FY,    -1.34E+05
F,       2     , FX,     7.97E+04  F,      2      , FY,     8.29E+04
F,       3     , FX,     6.26E+04  F,      3      , FY,    -5.93E+04
F,       4     , FX,     6.35E+04  F,      4      , FY,    -5.35E+04
```

F,	5	, FX,	6.43E + 04	F,	5	, FY,	− 4.77E + 04
F,	6	, FX,	6.50E + 04	F,	6	, FY,	− 4.19E + 04
F,	7	, FX,	6.55E + 04	F,	7	, FY,	− 3.61E + 04
F,	8	, FX,	6.58E + 04	F,	8	, FY,	− 3.03E + 04
F,	9	, FX,	6.60E + 04	F,	9	, FY,	− 2.46E + 04
F,	10	, FX,	6.60E + 04	F,	10	, FY,	− 1.88E + 04
F,	11	, FX,	6.59E + 04	F,	11	, FY,	− 1.31E + 04
F,	12	, FX,	6.56E + 04	F,	12	, FY,	− 7.47E + 03
F,	13	, FX,	6.52E + 04	F,	13	, FY,	− 1.90E + 03
F,	14	, FX,	6.47E + 04	F,	14	, FY,	3.59E + 03
F,	15	, FX,	6.40E + 04	F,	15	, FY,	8.98E + 03
F,	16	, FX,	6.32E + 04	F,	16	, FY,	1.43E + 04
F,	17	, FX,	6.23E + 04	F,	17	, FY,	1.94E + 04
F,	18	, FX,	6.13E + 04	F,	18	, FY,	2.45E + 04
F,	19	, FX,	6.01E + 04	F,	19	, FY,	2.94E + 04
F,	20	, FX,	5.89E + 04	F,	20	, FY,	3.42E + 04
F,	21	, FX,	5.75E + 04	F,	21	, FY,	3.88E + 04
F,	22	, FX,	5.60E + 04	F,	22	, FY,	4.33E + 04
F,	23	, FX,	5.45E + 04	F,	23	, FY,	4.76E + 04
F,	24	, FX,	− 5.65E + 04	F,	24	, FY,	− 1.34E + 05
F,	25	, FX,	− 4.88E + 04	F,	25	, FY,	− 2.08E + 05
F,	26	, FX,	− 4.46E + 04	F,	26	, FY,	− 2.12E + 05
F,	27	, FX,	− 4.03E + 04	F,	27	, FY,	− 2.16E + 05
F,	28	, FX,	− 3.58E + 04	F,	28	, FY,	− 2.20E + 05
F,	29	, FX,	− 3.13E + 04	F,	29	, FY,	− 2.23E + 05
F,	30	, FX,	− 2.66E + 04	F,	30	, FY,	− 2.26E + 05
F,	31	, FX,	− 2.19E + 04	F,	31	, FY,	− 2.28E + 05
F,	32	, FX,	− 1.71E + 04	F,	32	, FY,	− 2.30E + 05
F,	33	, FX,	− 1.22E + 04	F,	33	, FY,	− 2.32E + 05
F,	34	, FX,	− 7.36E + 03	F,	34	, FY,	− 2.33E + 05
F,	35	, FX,	− 2.46E + 03	F,	35	, FY,	− 2.33E + 05
F,	36	, FX,	2.45E + 03	F,	36	, FY,	− 2.33E + 05
F,	37	, FX,	7.36E + 03	F,	37	, FY,	− 2.33E + 05
F,	38	, FX,	1.22E + 04	F,	38	, FY,	− 2.32E + 05
F,	39	, FX,	1.71E + 04	F,	39	, FY,	− 2.30E + 05
F,	40	, FX,	2.19E + 04	F,	40	, FY,	− 2.28E + 05
F,	41	, FX,	2.66E + 04	F,	41	, FY,	− 2.26E + 05
F,	42	, FX,	3.13E + 04	F,	42	, FY,	− 2.23E + 05
F,	43	, FX,	3.58E + 04	F,	43	, FY,	− 2.20E + 05

F,	44	, FX,	4.03E + 04	F,	44	, FY,	− 2.16E + 05
F,	45	, FX,	4.46E + 04	F,	45	, FY,	− 2.12E + 05
F,	46	, FX,	4.88E + 04	F,	46	, FY,	− 2.08E + 05
F,	47	, FX,	− 7.97E + 04	F,	47	, FY,	8.29E + 04
F,	48	, FX,	− 1.02E + 05	F,	48	, FY,	1.24E + 05
F,	49	, FX,	− 9.37E + 04	F,	49	, FY,	1.39E + 05
F,	50	, FX,	− 8.50E + 04	F,	50	, FY,	1.53E + 05
F,	51	, FX,	− 7.59E + 04	F,	51	, FY,	1.65E + 05
F,	52	, FX,	− 6.64E + 04	F,	52	, FY,	1.75E + 05
F,	53	, FX,	− 5.66E + 04	F,	53	, FY,	1.84E + 05
F,	54	, FX,	− 4.66E + 04	F,	54	, FY,	1.91E + 05
F,	55	, FX,	− 3.64E + 04	F,	55	, FY,	1.97E + 05
F,	56	, FX,	− 2.61E + 04	F,	56	, FY,	2.02E + 05
F,	57	, FX,	− 1.57E + 04	F,	57	, FY,	2.05E + 05
F,	58	, FX,	− 5.23E + 03	F,	58	, FY,	2.06E + 05
F,	59	, FX,	5.24E + 03	F,	59	, FY,	2.06E + 05
F,	60	, FX,	1.57E + 04	F,	60	, FY,	2.05E + 05
F,	61	, FX,	2.61E + 04	F,	61	, FY,	2.02E + 05
F,	62	, FX,	3.64E + 04	F,	62	, FY,	1.97E + 05
F,	63	, FX,	4.66E + 04	F,	63	, FY,	1.91E + 05
F,	64	, FX,	5.66E + 04	F,	64	, FY,	1.84E + 05
F,	65	, FX,	6.64E + 04	F,	65	, FY,	1.75E + 05
F,	66	, FX,	7.59E + 04	F,	66	, FY,	1.65E + 05
F,	67	, FX,	8.50E + 04	F,	67	, FY,	1.53E + 05
F,	68	, FX,	9.37E + 04	F,	68	, FY,	1.39E + 05
F,	69	, FX,	1.02E + 05	F,	69	, FY,	1.24E + 05
F,	70	, FX,	− 6.25E + 04	F,	70	, FY,	− 5.92E + 04
F,	71	, FX,	− 6.35E + 04	F,	71	, FY,	− 5.35E + 04
F,	72	, FX,	− 6.43E + 04	F,	72	, FY,	− 4.77E + 04
F,	73	, FX,	− 6.50E + 04	F,	73	, FY,	− 4.19E + 04
F,	74	, FX,	− 6.55E + 04	F,	74	, FY,	− 3.61E + 04
F,	75	, FX,	− 6.58E + 04	F,	75	, FY,	− 3.03E + 04
F,	76	, FX,	− 6.60E + 04	F,	76	, FY,	− 2.46E + 04
F,	77	, FX,	− 6.60E + 04	F,	77	, FY,	− 1.88E + 04
F,	78	, FX,	− 6.59E + 04	F,	78	, FY,	− 1.31E + 04
F,	79	, FX,	− 6.56E + 04	F,	79	, FY,	− 7.49E + 03
F,	80	, FX,	− 6.52E + 04	F,	80	, FY,	− 1.91E + 03
F,	81	, FX,	− 6.47E + 04	F,	81	, FY,	3.58E + 03
F,	82	, FX,	− 6.40E + 04	F,	82	, FY,	8.99E + 03
F,	83	, FX,	− 6.32E + 04	F,	83	, FY,	1.43E + 04

F,	84	, FX,	− 6.23E + 04	F,	84	, FY,	1.94E + 04
F,	85	, FX,	− 6.13E + 04	F,	85	, FY,	2.45E + 04
F,	86	, FX,	− 6.01E + 04	F,	86	, FY,	2.94E + 04
F,	87	, FX,	− 5.89E + 04	F,	87	, FY,	3.42E + 04
F,	88	, FX,	− 5.75E + 04	F,	88	, FY,	3.88E + 04
F,	89	, FX,	− 5.60E + 04	F,	89	, FY,	4.32E + 04
F,	90	, FX,	− 5.45E + 04	F,	90	, FY,	4.75E + 04

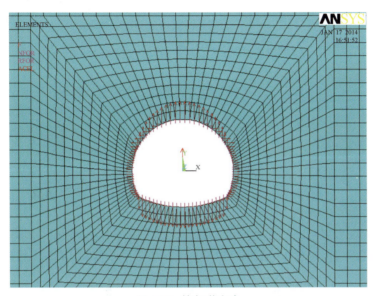

图 1-28　施加节点力

（3）求解。

solve 求解可得到模型应力，如图 1-29 ~ 1-31 所示。

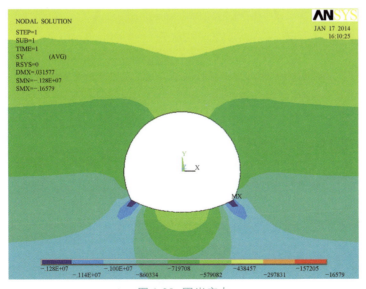

图 1-29　围岩应力

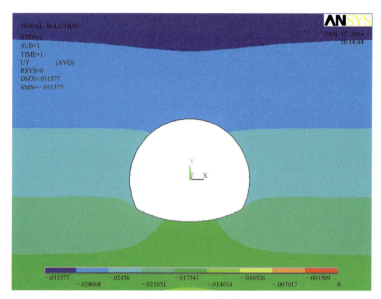

图 1-30 围岩位移

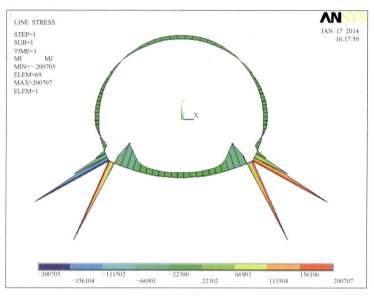

图 1-31 衬砌弯矩图

（4）最终状态分析。

开挖一段时间，稳定后，释放荷载为 100%，消去先前的释放节点荷载，将上述节点荷载反向再施加到节点上。命令如下：

F,   1   , FX,   − 5.65E + 04   F,   1   , FY,   1.34E + 05
F,   2   , FX,   − 7.97E + 04   F,   2   , FY,   − 8.29E + 04
F,   3   , FX,   − 6.26E + 04   F,   3   , FY,   5.93E + 04
F,   4   , FX,   − 6.35E + 04   F,   4   , FY,   5.35E + 04
F,   5   , FX,   − 6.43E + 04   F,   5   , FY,   4.77E + 04

F,	6	, FX,	− 6.50E + 04	F,	6	, FY,	4.19E + 04
F,	7	, FX,	− 6.55E + 04	F,	7	, FY,	3.61E + 04
F,	8	, FX,	− 6.58E + 04	F,	8	, FY,	3.03E + 04
F,	9	, FX,	− 6.60E + 04	F,	9	, FY,	2.46E + 04
F,	10	, FX,	− 6.60E + 04	F,	10	, FY,	1.88E + 04
F,	11	, FX,	− 6.59E + 04	F,	11	, FY,	1.31E + 04
F,	12	, FX,	− 6.56E + 04	F,	12	, FY,	7.47E + 03
F,	13	, FX,	− 6.52E + 04	F,	13	, FY,	1.90E + 03
F,	14	, FX,	− 6.47E + 04	F,	14	, FY,	− 3.59E + 03
F,	15	, FX,	− 6.40E + 04	F,	15	, FY,	− 8.98E + 03
F,	16	, FX,	− 6.32E + 04	F,	16	, FY,	− 1.43E + 04
F,	17	, FX,	− 6.23E + 04	F,	17	, FY,	− 1.94E + 04
F,	18	, FX,	− 6.13E + 04	F,	18	, FY,	− 2.45E + 04
F,	19	, FX,	− 6.01E + 04	F,	19	, FY,	− 2.94E + 04
F,	20	, FX,	− 5.89E + 04	F,	20	, FY,	− 3.42E + 04
F,	21	, FX,	− 5.75E + 04	F,	21	, FY,	− 3.88E + 04
F,	22	, FX,	− 5.60E + 04	F,	22	, FY,	− 4.33E + 04
F,	23	, FX,	− 5.45E + 04	F,	23	, FY,	− 4.76E + 04
F,	24	, FX,	5.65E + 04	F,	24	, FY,	1.34E + 05
F,	25	, FX,	4.88E + 04	F,	25	, FY,	2.08E + 05
F,	26	, FX,	4.46E + 04	F,	26	, FY,	2.12E + 05
F,	27	, FX,	4.03E + 04	F,	27	, FY,	2.16E + 05
F,	28	, FX,	3.58E + 04	F,	28	, FY,	2.20E + 05
F,	29	, FX,	3.13E + 04	F,	29	, FY,	2.23E + 05
F,	30	, FX,	2.66E + 04	F,	30	, FY,	2.26E + 05
F,	31	, FX,	2.19E + 04	F,	31	, FY,	2.28E + 05
F,	32	, FX,	1.71E + 04	F,	32	, FY,	2.30E + 05
F,	33	, FX,	1.22E + 04	F,	33	, FY,	2.32E + 05
F,	34	, FX,	7.36E + 03	F,	34	, FY,	2.33E + 05
F,	35	, FX,	2.46E + 03	F,	35	, FY,	2.33E + 05
F,	36	, FX,	− 2.45E + 03	F,	36	, FY,	2.33E + 05
F,	37	, FX,	− 7.36E + 03	F,	37	, FY,	2.33E + 05
F,	38	, FX,	− 1.22E + 04	F,	38	, FY,	2.32E + 05
F,	39	, FX,	− 1.71E + 04	F,	39	, FY,	2.30E + 05
F,	40	, FX,	− 2.19E + 04	F,	40	, FY,	2.28E + 05
F,	41	, FX,	− 2.66E + 04	F,	41	, FY,	2.26E + 05
F,	42	, FX,	− 3.13E + 04	F,	42	, FY,	2.23E + 05
F,	43	, FX,	− 3.58E + 04	F,	43	, FY,	2.20E + 05

F,	44	, FX,	− 4.03E + 04	F,	44	, FY,	2.16E + 05
F,	45	, FX,	− 4.46E + 04	F,	45	, FY,	2.12E + 05
F,	46	, FX,	− 4.88E + 04	F,	46	, FY,	2.08E + 05
F,	47	, FX,	7.97E + 04	F,	47	, FY,	− 8.29E + 04
F,	48	, FX,	1.02E + 05	F,	48	, FY,	− 1.24E + 05
F,	49	, FX,	9.37E + 04	F,	49	, FY,	− 1.39E + 05
F,	50	, FX,	8.50E + 04	F,	50	, FY,	− 1.53E + 05
F,	51	, FX,	7.59E + 04	F,	51	, FY,	− 1.65E + 05
F,	52	, FX,	6.64E + 04	F,	52	, FY,	− 1.75E + 05
F,	53	, FX,	5.66E + 04	F,	53	, FY,	− 1.84E + 05
F,	54	, FX,	4.66E + 04	F,	54	, FY,	− 1.91E + 05
F,	55	, FX,	3.64E + 04	F,	55	, FY,	− 1.97E + 05
F,	56	, FX,	2.61E + 04	F,	56	, FY,	− 2.02E + 05
F,	57	, FX,	1.57E + 04	F,	57	, FY,	− 2.05E + 05
F,	58	, FX,	5.23E + 03	F,	58	, FY,	− 2.06E + 05
F,	59	, FX,	− 5.24E + 03	F,	59	, FY,	− 2.06E + 05
F,	60	, FX,	− 1.57E + 04	F,	60	, FY,	− 2.05E + 05
F,	61	, FX,	− 2.61E + 04	F,	61	, FY,	− 2.02E + 05
F,	62	, FX,	− 3.64E + 04	F,	62	, FY,	− 1.97E + 05
F,	63	, FX,	− 4.66E + 04	F,	63	, FY,	− 1.91E + 05
F,	64	, FX,	− 5.66E + 04	F,	64	, FY,	− 1.84E + 05
F,	65	, FX,	− 6.64E + 04	F,	65	, FY,	− 1.75E + 05
F,	66	, FX,	− 7.59E + 04	F,	66	, FY,	− 1.65E + 05
F,	67	, FX,	− 8.50E + 04	F,	67	, FY,	− 1.53E + 05
F,	68	, FX,	− 9.37E + 04	F,	68	, FY,	− 1.39E + 05
F,	69	, FX,	− 1.02E + 05	F,	69	, FY,	− 1.24E + 05
F,	70	, FX,	6.25E + 04	F,	70	, FY,	5.92E + 04
F,	71	, FX,	6.35E + 04	F,	71	, FY,	5.35E + 04
F,	72	, FX,	6.43E + 04	F,	72	, FY,	4.77E + 04
F,	73	, FX,	6.50E + 04	F,	73	, FY,	4.19E + 04
F,	74	, FX,	6.55E + 04	F,	74	, FY,	3.61E + 04
F,	75	, FX,	6.58E + 04	F,	75	, FY,	3.03E + 04
F,	76	, FX,	6.60E + 04	F,	76	, FY,	2.46E + 04
F,	77	, FX,	6.60E + 04	F,	77	, FY,	1.88E + 04
F,	78	, FX,	6.59E + 04	F,	78	, FY,	1.31E + 04
F,	79	, FX,	6.56E + 04	F,	79	, FY,	7.49E + 03
F,	80	, FX,	6.52E + 04	F,	80	, FY,	1.91E + 03
F,	81	, FX,	6.47E + 04	F,	81	, FY,	− 3.58E + 03

F,	82	, FX,	6.40E + 04	F,	82	, FY,	− 8.99E + 03
F,	83	, FX,	6.32E + 04	F,	83	, FY,	− 1.43E + 04
F,	84	, FX,	6.23E + 04	F,	84	, FY,	− 1.94E + 04
F,	85	, FX,	6.13E + 04	F,	85	, FY,	− 2.45E + 04
F,	86	, FX,	6.01E + 04	F,	86	, FY,	− 2.94E + 04
F,	87	, FX,	5.89E + 04	F,	87	, FY,	− 3.42E + 04
F,	88	, FX,	5.75E + 04	F,	88	, FY,	− 3.88E + 04
F,	89	, FX,	5.60E + 04	F,	89	, FY,	− 4.32E + 04
F,	90	, FX,	5.45E + 04	F,	90	, FY,	− 4.75E + 04

最后得到的模型应力结果如图 1-32 ～ 1-34 所示。

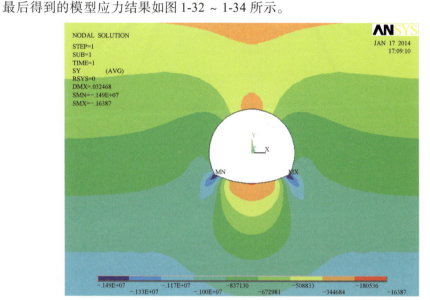

图 1-32　围岩应力

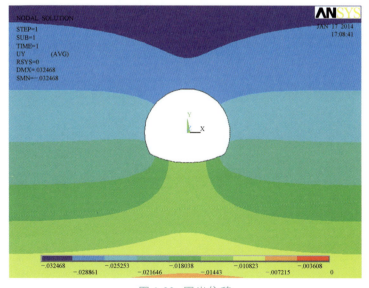

图 1-33　围岩位移

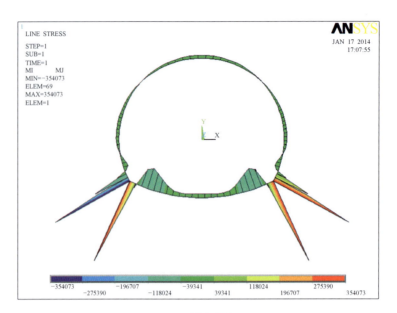

图 1-34 衬砌弯矩图

第 2 章　机械开挖隧道建模方法及应用实例

2.1　TBM 隧道

2.1.1　工程概况

重庆市轨道交通六号线一期工程红土地车站全长 211 m，为地下双层岛式车站，采用曲墙＋仰拱的五心圆马蹄型断面。车站最大开挖宽度为 25.9 m，高 18.34 m，开挖断面面积为 375.8 m²，属于特大断面暗挖隧道，TBM 掘进过站，采用"先拱后墙"法施工。

车站暗挖隧道覆盖层厚度约为 44 m，覆盖层中中等风化岩石的厚度为 34.1 ～ 38.2 m，洞身围岩为中等风化的砂质泥岩夹薄层砂岩，岩体完整性指数 $K_v = 0.62$，岩体较完整。砂质泥岩单轴饱和抗压强度为 15.7 MPa，属于较软岩。围岩基本分级为Ⅳ级。

地下水类型：以呈脉状分布的基岩裂隙水为主，水量较小，呈滴状或珠串状。围岩开挖后，拱部无支护时，可能产生较大的坍塌，侧壁有时会失去稳定。由于隧道沿线岩层倾角平缓，岩层倾向 1° 左右，隧道开挖过程中易塌顶。

2.1.2　构建模型

1. 计算模型

计算模型采用三维模型，如图 2-1 所示。两 TBM 掘进硐室间距为 15 m。横向取 155.4 m（约 10 倍两洞间距），竖向取 80 m，纵向取 50 m。围岩采用实体单元，TBM 硐室的支护采用壳单元，锚杆作用通过逐渐改变围岩参数实现。

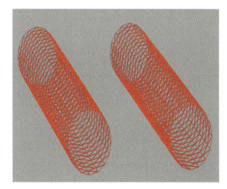

图 2-1　计算模型图

2. 计算过程及研究断面

此次数值计算采取的施工步骤见表 2-1。

表 2-1 计算步骤表

施工步骤	施工内容	备注
1	初始地应力场	
2	右线 TBM 硐室开挖，未施加支护	加施工荷载，释放 30%
3	右线 TBM 硐室施加支护	删除施工荷载，施加壳单元支护，释放荷载 80%
4	左线 TBM 硐室开挖，未施加支护	加施工荷载，释放 30%
5	右线 TBM 硐室施加支护	删除施工荷载，施加壳单元支护，释放荷载 80%

分别选取右线和左线 TBM 硐室掘进 24 m 时的断面作为研究断面，分析其应力、内力、洞周位移及上部地表沉降在整个施工步骤下的变化情况。研究断面图如图 2-2 所示。

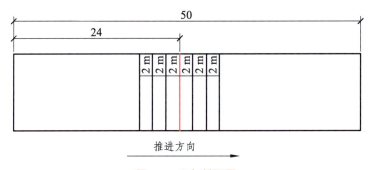

图 2-2 研究断面图

2.1.3 计算参数

计算过程中使用的围岩及支护参数如表 2-2 所示。

表 2-2 计算参数表

材　料	密度 / (kg/m³)	弹性模量 E/GPa	泊松比 v	黏聚力 c/MPa	内摩擦角 φ/ (°)
围　岩	2 150	1.4	0.36	0.125	24
加固圈	2 150	1.7	0.36	0.15	29
TBM 支护	2 200	23	0.2	—	—

2.1.4 模拟步骤

1. TBM 施工荷载分析

（1）刀盘推力。

TBM 掘进机在破岩掘进时，依靠大轴承推动刀盘，挤压掌子面，在一定的挤压力下，通过刀盘上配备的刀具破岩。刀盘推力指推动刀具破岩所需的合力,不包括克服掘进机前进的各种摩擦力和土舱土压力产生的反推力。

刀盘推力由每个滚刀的垂直(法向)推力沿掘进机轴线方向的分力叠加而成,即

$$F_{P} = \sum F_{ni} \cos \beta_i \quad (i = 1, 2, 3, \cdots, n) \tag{2-1}$$

式中　F_{P}——刀盘推力;

　　　F_{ni}——第 i 个刀具的垂直(法向)推力;

　　　β_i——第 i 个刀具法线与掘进机轴线的夹角;

　　　n——刀盘上的刀具数量。

在本书的数值计算中,根据 Robbins 厂家所提供的资料,刀盘作用在掌子面上的推力按 15 000 kN 考虑。模拟时换算成均布荷载施加在掌子面上,计算如下:

$$\sigma = \frac{F}{S} = \frac{4F}{\pi l^2} = \frac{4 \times 15\,000}{\pi \times 636^2} = 4\,724\ (\text{kPa}) \tag{2-2}$$

(2)刀盘扭矩。

刀盘扭矩指由刀具切向力对刀盘旋转轴产生的合力矩,即

$$T = \sum F_{ri} r_i \cos \beta_i \quad (i = 1, 2, 3, \cdots, n) \tag{2-3}$$

式中　T——刀盘扭矩;

　　　F_{ri}——第 i 个刀具的水平(切向)切削力;

　　　r_i——第 i 个刀具的旋转半径;

　　　n——刀盘上的刀具数量。

在本书的数值计算中,根据 TBM 掘进参数的相关资料,选取额定功率的 70% 施加扭矩作用。刀盘作用在掌子面上的额定扭矩为 4 054 kN·m,70% 的额定功率即 2 837.8 kN·m。模拟时换算成集中点荷载施加在掌子面上,如图 2-3 所示。

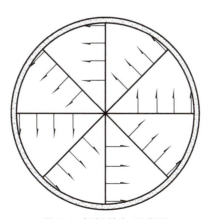

图 2-3　扭矩施加示意图

2. 掘进机自重荷载

TBM 的纵向荷载分布见图 2-4。在 TBM 掘进时，机头部分自重通过刀盘护盾作用在围岩上，对围岩有一定的压力，作用范围为圆周底部四分之一的区域，如图 2-5 所示。撑靴荷载作用于掌子面后方 10 m 处，作用长度为 2.5 m。在本次数值计算中，将其施加于掌子面后方 10 m 处，作用长度为 2 m，以均布荷载形式施加在围岩上，作用范围如图 2-6 所示，在左、右两侧硐室拱腰部位 60° 的区域内。

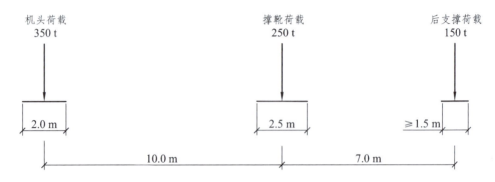

图 2-4 TBM 纵向荷载示意图

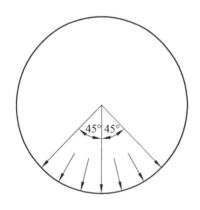

图 2-5 机头自重作用示意图

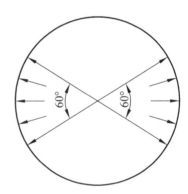

图 2-6 撑靴荷载作用示意图

3. TBM 施工数值模拟方法

结合 TBM 施工的主要特点及施工过程土层的受力，将 TBM 施工过程分为开挖过程、锚喷支护过程。开挖采用全断面形式，开挖进尺为 2 m。

（1）开挖过程：

① TBM 开挖时由于荷载由其外壳承担，因此在开挖时施加一刚度无限大壳单元以承担竖向压力。模型中设置一个开挖进尺的大刚度壳单元，在支护阶段删除此单元然后换上支护单元。

② 掌子面土层所受推力，以面荷载形式施加，主要平衡掌子面土压力。

③ TBM 机环向土层面上，施加侧向摩阻力，模拟 TBM 机推进过程中土层受到的摩擦力，仍然以面荷载形式施加。

④ 施加驱动机构扭矩作用在开挖掌子面上的力矩,计算其合力,并以集中荷载的形式施加到掌子面上各节点处。

⑤ TBM 机头部分自重以均布荷载的形式作用在底部圆环 1/4 的范围内,撑靴荷载以均布荷载形式施加于掌子面后方 10 m 纵向 2 m 范围的洞壁上,如图 2-7 所示。

⑥ 按照荷载释放率 30% 释放掌子面荷载。

(2)锚喷支护过程:

① 删除作用在掌子面和 TBM 机周围的各种荷载。

② 改变已开挖硐室周围土层的围岩参数,模拟锚杆的支护作用。

③ 施加壳单元作为喷混凝土支护。

④ 释放所有荷载,并计算至平衡。

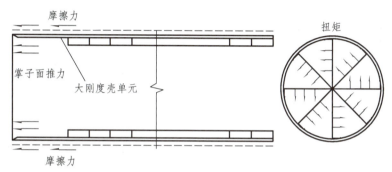

图 2-7　TBM 施工模拟示意图

2.1.5　计算结果分析

1. 地层应力

在 TBM 施工过程中,横断面方向上,竖向应力场变化较大的区域主要集中在硐室周围 3 m 的范围内;纵向上,应力场变化较集中于掌子面前方 2 m 的范围内。图 2-8 是 TBM 掘进过程中竖向应力云图。

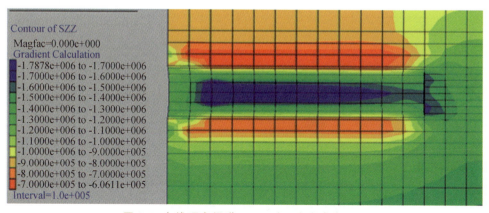

图 2-8　右线硐室掘进 24 m 时 Y 方向应力云图

在右线 TBM 掘进过程中，地层最大竖向应力为 1.79 MPa，在右线硐室拱腰处。随着左线 TBM 硐室的掘进，右线硐室拱腰处竖向应力略有减小；左线硐室最大竖向应力为−1.73 MPa，在其拱腰处；地层应力变化最大的区域是两硐室中间的土层（见图 2-9、图 2-10）。由第一主应力变化图可看出两硐室中间土层有应力重叠现象（见图 2-11、图 2-12）。

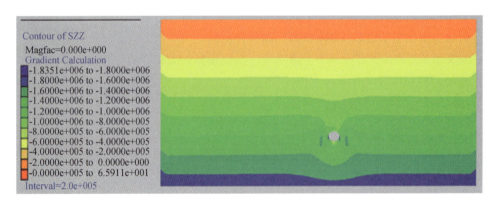

图 2-9　右洞开挖完竖向应力云图

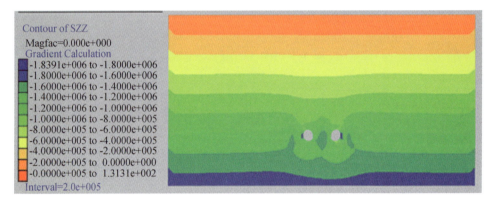

图 2-10　左洞开挖完竖向应力云图

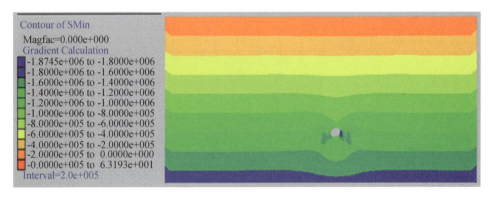

图 2-11　右洞完成第一主应力云图

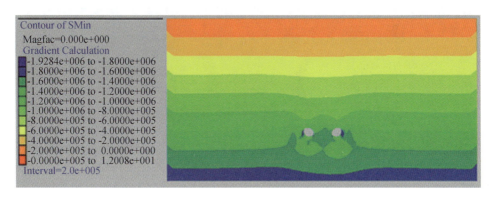

图 2-12　左洞完成第一主应力云图

2. 地层位移

在右线 TBM 掘进过程中，在横断面方向上，地层竖向位移主要发生在硐室拱顶和仰拱部位，在掌子面前方并未出现地层隆起的情形。右线硐室掘进完成后，在硐室进口端，拱顶最大沉降达到 3.06 mm，仰拱部位隆起最大值为 3.10 mm（见图 2-13）。在左线 TBM 的掘进过程中也没有出现地层隆起的情形。随着左线 TBM 的掘进完成，右线硐室的拱顶最大沉降达到 3.18 mm，仰拱部位隆起最大值减小为 3.03 mm。左线硐室的拱顶最大沉降达到 3.54 mm，仰拱部位隆起最大值为 1.81 mm。

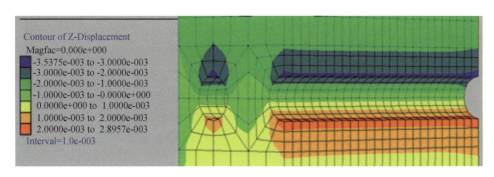

图 2-13　开挖完成右洞竖向位移图

3. 地表沉降

右线 TBM 硐室掘进完成后，拱顶上方地表处最大沉降为 0.40 mm。左线 TBM 硐室掘进完成后，最大沉降值为 0.91 mm，位于进口端两硐室中点对应的地表位置。在横断面方向上，地表沉降的范围主要为两硐室中心线对应的地表点两侧 15 m。

4. 塑性区分析

右洞开挖过程，洞周会产生一圈塑性区。随着左洞的开挖，右侧硐室塑性区没有增加，左侧硐室仅两侧拱腰处产生塑性区，如图 2-14 所示。

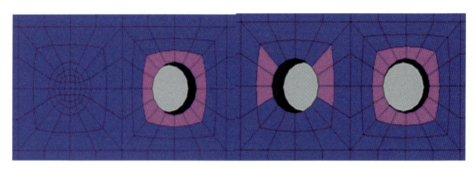

图 2-14 开挖过程塑性区变化图

2.2 盾构隧道

2.2.1 工程概况

深圳地铁三号线红岭中路站 — 老街站 — 晒布站段左、右线为分修的两条单线隧道。由于受老街站的（为满足与 1 号线同站台平行换乘的方式，车站采用上、下重叠的侧式站台形式）控制，左、右线隧道以 14.0 m 的线间距从红岭中路站平行出发，以 $R = 400$ m 的曲线（曲线长度约 300 m）在下穿多幢房屋、宝安南路、笔架山渠后，在平面上的线间距逐渐缩小，纵断面上轨面高差逐渐增大，在接近桂园路时，左、右线隧道变为完全上、下重叠的布置形式（左线在上，右线在下）。左、右线以上、下重叠的结构形式、$R = 350$ m 的曲线（曲线长度约 290 m）在下穿布吉河、星港中心和广深铁路桥后进入老街站。上、下重叠（左线在上，右线在下）及过渡线路长度约为 440 m。

接着左、右线隧道以轨面高差 7.6 m 的间距（两隧道净距为 1.6）从老街站出发，以 $R = 350$ m 的曲线（曲线长度约 480.0 m）下穿多幢房屋、东门老街繁华商业区。当接近东门中路时，左、右线隧道的水平距离逐渐拉开，高差逐渐减小，逐渐由上、下重叠过渡到左、右平行的结构形式。此时左线以 $R = 350$ m，右线以 $R = 600$ m 的反向曲线进入晒布站。按左、右线最近净距 6.0 m 控制，上、下重叠及过渡线路长度约为 740.0 m。

如图 2-15 所示，区间主要地质为花岗岩、花岗片麻岩和凝灰岩风化层及残积土层，地下

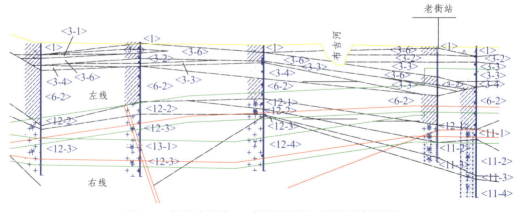

图 2-15 红岭中路站 — 老街站区间工程地质剖面图

水丰富，主要分布在第四系砂层中，大部分区段围岩"上软下硬"。老晒区间原为第四系冲积平原，地势较为平坦，上覆人工堆积层、海冲积层及第四系残积层，下伏强弱微风化花岗片麻岩。区间隧道主要穿越 <11-1>、<11-1-2>（花岗片麻岩全风化层）地层，部分区段有 <6-2>（残积层）、<11-2>（花岗片麻岩强风化层）地层，如表 2-3 所示。

表 2-3　土层地质参数表

层号	岩土名称	岩土特征	均一性	开挖后的稳定状态	围岩弹性纵波速度 v_p/（m/s）	围岩类别	围岩级别
<1>	素填土	素填土，密实度不均	不均一	易塌	838.6		
<3-6>	黏土	软塑—可塑	成分均一，含少量粉细砂	自稳性差、易塌	780	II	V
<5-2>	黏土	可塑	成分均一，含少量石英砾	自稳性差、易塌	786.3	II	V
<5-3>	粉、细砂	中密，饱和	分选性差，含黏性土	不能自稳	986.1	I	VI
<5-4>	中、粗砂	中密，饱和	分选性差，含卵石	不能自稳	1 220.8	I	VI
<5-5>	圆砾	密实，饱和	分选性差，含卵石	不能自稳	1 393.2	II	V
<5-6>	卵石	中密，饱和	分选性差，含黏性土及砂砾	不能自稳		II	V
<6-2>	粉质黏土	硬塑	质地不均，含石英砾	自稳能力一般	1 185.2	II	V
<11-1>	全风化花岗片麻岩	硬塑—坚硬	均一性较好	自稳能力一般	1 499.1	II	V
<11-2>	强风化花岗片麻岩	坚硬土状、半岩半土状	具差异风化，夹中等风化	自稳能力一般	1 753.3	III	IV
<11-3>	中等风化花岗片麻岩	块状、短柱状		自稳能力较好，但易裂隙掉块坍塌	2 455.2	IV	III
<11-4>	微风化花岗片麻岩	短柱状、块状		自稳能力好，但易掉块或坍塌	3 045	V	II
<12-1>	全风化花岗岩	坚硬土状、半岩半土状	具球状风化，均一性较差	自稳能力一般	1 506.8	II	V

2.2.2　构建模型

1. 计算模型

选择上、下隧道完全重叠且净距接近最小的 ZCK7 + 870—ZCK7 + 924 区间作为分析区间。横向取 50 m（约 8 倍盾构隧道直径），竖向取 50 m（约 8 倍盾构隧道直径），上、下重叠隧道的最小净距为重叠段 1.6 m。围岩采用实体单元，管片采用壳单元，同步注浆和二次注浆通过随开挖进尺逐渐改变围岩参数实现，如图 2-16 所示。

2. 计算工况及研究断面

本段隧道采用盾构法施工，数值模拟与设计施工方法相同，采用先上后下和先下后上两种施工工况，施工步骤如表 2-4 所示。

图 2-16 模型示意图

表 2-4 盾构法计算工况及施工步骤表

计算工况	施工步骤	施 工 内 容	备 注
	1	初始地应力场	
	2	下洞形成"毛洞",管片拼装超前	加盾壳、施工荷载,释放20%
先下洞 后上洞	3	下洞管片拼装完成,并同步注浆	删除施工荷载,随开挖进度提高注浆体强度,释放载荷80%
	4	上洞形成"毛洞",管片拼装超前	加盾壳、施工荷载,释放20%
	5	上洞管片拼装完成,并同步注浆	删除施工荷载,随开挖进度提高注浆体强度,释放载荷80%

　　研究断面分别选取上洞和下洞的中间断面作为目标面,分析其应力、内力、洞周位移及上部地表位移在不同典型施工步时值的变化情况,如图 2-17 所示。

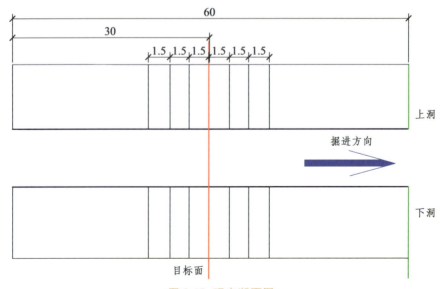

图 2-17 研究断面图

2.2.3 计算参数

计算过程中围岩及支护参数如表 2-5 所示。

表 2-5 物理力学计算参数表

项 目	E/GPa	ν	γ/(kN/m³)	c/MPa	φ/(°)	厚度 /m
<3-3> 砂层	0.02	0.22	19.5	0.015	23	8
<6-2> 残积土层	0.042	0.25	18.8	0.015	23.7	5
全风化 <12-1>	0.07	0.28	19.2	0.018	23	4
强风化 <12-2>	0.106	0.25	25.5	0.018	22	4
中等风化 <12-3>	0.15	0.17	25.8	0.022	23	5
微风化 <12-4> 花岗岩	0.25	0.2	26	0.022	22	24
同步及二次注浆	0.2	0.2	22	0.02	30	
盾构管片衬砌	35×0.75**	0.18	25	—	—	

2.2.4 模拟步骤

1. 盾构施工过程荷载分析

（1）推进机构荷载。

盾构的推进过程是靠设置在支撑环内侧的盾构千斤顶的推力作用在管片上，进而通过管片产生反推力使盾构前进实现的。其设计推力为

$$F_{\mathrm{d}} = F_1 + F_2 + F_3 + F_4 + F_5 + F_6 \tag{2-4}$$

式中 F_1—— 盾构外壳与周围地层间的摩擦力，kN；

F_2—— 盾构机推进时的正面推进阻力，kN；

F_3—— 管片与盾尾间的摩阻力，kN；

F_4—— 盾构机切口环的切入阻力，kN；

F_5—— 变向阻力，kN；

F_6—— 后接台车的牵引阻力。

因此，根据作用力与反作用力原理，对于土层来说，也将受到上述 6 种作用力。根据设计推力计算可知，其中的 F_1 和 F_2 占整个推力的 90% 以上 [24]，所以，在数值模拟时，土层所受推力也主要考虑 F_1 和 F_2。

① 周围地层与盾构外壳的摩阻力：

$$F_1 = \pi D L c + \frac{DL}{4} \tan\varphi \cdot \gamma \cdot \pi \left(H + \frac{D}{2} \right)(1 + K) \tag{2-5}$$

式中 D—— 盾构外径，m；

L—— 盾构长度，m；

K—— 静止侧压力系数；

c—— 土体黏聚力；

φ—— 内摩擦角。

② 盾构推进时掌子面土层受力：

$$F_2 = \frac{\pi D^2}{4}(1 - \alpha_0)KH_c\gamma \tag{2-6}$$

式中 γ —— 土体重度；

H_c —— 地面到盾构机轴线的距离，m。

（2）驱动机构荷载。

驱动机构的作用是向刀盘提供必要扭矩。盾构刀盘的设计扭矩一般由下式确定：

$$T_d = T_1 + T_2 + T_3 + T_4 + T_5 + T_6 + T_7 + T_8 + T_9 \tag{2-7}$$

式中 T_1 —— 刀具切削地层时的地层抗力扭矩，$kN \cdot m$；

T_2 —— 刀盘正面与土体之间的摩阻力扭矩，$kN \cdot m$；

T_3 —— 刀盘背面摩阻力扭矩，$kN \cdot m$；

T_4 —— 刀盘开口内土柱的剪切摩阻力扭矩，$kN \cdot m$；

T_5 —— 刀盘外围与土层的摩阻力，$kN \cdot m$；

T_6 —— 刀盘构造柱和搅拌臂搅拌阻力扭矩，$kN \cdot m$；

—— 刀盘密封的摩阻力扭矩，$kN \cdot m$；

T_8 —— 轴承的摩阻力扭矩，$kN \cdot m$；

T_9 —— 减速装置摩擦损耗扭矩，$kN \cdot m$。

在刀盘设计扭矩的构成中，刀盘外围的摩擦阻力扭矩 T_5 所占的比例最大，约为 24%；其次是刀盘正面与土体之间的摩阻力扭矩 T_2，约为 20%；刀盘背面的摩阻力扭矩 T_3 以及刀盘开口内土柱的剪切摩阻力扭矩 T_4，各占扭矩的 17%；T_1 所占比例为 12%。因此，土层受盾构掘进时扭矩主要考虑 $T_1 \sim T_5$ 中作用的扭矩。

$$T_1 = mF_R R_q + mF_{1i}R_m \tag{2-8}$$

$$T_2 = \frac{\pi D_c^3}{12}(1 - \alpha_0)(K\mu_{ms}H_C\gamma + c_{ms}) \tag{2-9}$$

$$T_5 = \frac{D_c^2}{4}t_c\int_0^{2\pi}(\mu_{ms}\sigma_{noj} + c_{ms})d\theta \tag{2-10}$$

式中 F_R —— 滚刀滚动力；

R_q —— 滚刀平均回转半径；

F_{1i} —— 第 i 把刀具切削土体时所受地层抗力；

R_m —— 切削刀平均半径；

μ_{ms} —— 刀盘与土体摩擦系数；

t_c —— 刀盘轴向宽度；

s_{noj}——刀盘外围法向土压力。

（3）盾构机自重荷载。

盾构机主要尺寸及质量如表 2-6 所示。

表 2-6　盾构机主要尺寸及质量

序号	构件名称	长 /m	宽 /m	高 /m	质量 /t
1	刀　盘	6.28	6.28	2.50	45
2	前　体	6.25	6.25	3.04	90
3	中　体	6.24	6.24	2.1	90
4	后　体	6.23	6.23	3.70	22
6	螺旋输送机	12	1.2	1.2	21
7	安装器	2.5	3.7	4.6	21
8	安装器导轨	4.3	2.25	1.70	
9	连接桥	12	4.3	3.675	25
10	1# 拖车	10.5	4.25	4.385	25
11	2# 拖车	11	4.25	4.385	35
12	3# 拖车	9.5	4.25	4.385	25
13	4# 拖车	9.5	4.25	4.385	25
14	5# 拖车	9.5	4.25	4.385	35
15	6# 拖车	9.5	4.25	4.385	25

根据盾构尺寸及质量可将盾构自重的等效荷载简化为如图 2-18 所示布设，其中，盾构的荷载考虑为作用在下环 1/4 的圆环上，以面荷载施加。同时，只考虑盾构机所在地层的自重荷载，忽略台车和渣车荷载。

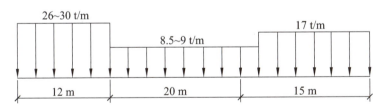

图 2-18　盾构机自重荷载简化示意图

（4）管片刚度考虑。

如上所述，盾构隧道在环向和纵向上均存在大量接头，而接头的存在使得管片与管片间、管片环与管片环间的协同受力和变形情况变得十分复杂。忽视二者的关联性而对盾构隧道的纵向结构性能进行分析是相当困难的，相关研究成果也是不合理的；而直接对隧道管片和接头进行分析，则会遇到计算单元数量过多，需要求解的基本未知量剧增等问题，费时费力。因此，需要在采用合理假定的基础上对盾构隧道进行简化，忽略次要因素并采用合理的分析模式对盾构隧道纵向结构性能进行研究。

① 环向刚度。

将具有若干环向接头的管片环环向等效为刚度均一的连续介质圆环，其折减方法可采用修正惯用法（见图 2-19），刚度折减系数由《（日本）隧道标准规范（盾构篇）及解说》错缝拼装管片荷载试验成果可知，$\eta = 0.6 \sim 0.8$，可取 $\eta = 0.75$。

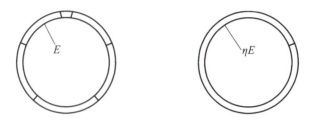

图 2-19 环向刚度折减示意图

② 纵向刚度。

管片简化成刚度沿纵向不变的连续环时，必须考虑纵向接头的影响，根据在拉压、剪切或弯矩作用下变位相等的原则，可以求得盾构隧道衬砌分别在拉压、剪切和弯矩作用下的刚度折减系数。

以纵向拉压为例，如图 2-20 所示，把 m 环长度为 l_s 的管片等效成 m/n 环长度为 nl_s 管片的等价轴刚度管片，在轴力为 N 的情况下实际伸长为 u_1，通过弹簧等效折减后的轴向伸长为 u_2，由 $u_1 = u_2$ 可以计算出轴向刚度折减系数 η_N。

刚度折减前隧道的纵向拉伸变形量为

$$u_1 = \frac{m \cdot N \cdot l_s}{E_1 \cdot A_1} + \frac{m \cdot N}{K_{u1}} \qquad (2\text{-}11)$$

刚度折减后隧道的纵向拉伸变形量为

$$u_2 = \frac{\dfrac{m}{n} \cdot N \cdot (nl_s)}{\eta_N \cdot E_1 A_1} + \frac{\dfrac{m}{n} \cdot N}{K_{u1}} \qquad (2\text{-}12)$$

根据折减前后隧道纵向拉伸变形量相等的原则，可得

$$u_1 = u_2 \Rightarrow \frac{m \cdot N \cdot l_s}{E_1 \cdot A_1} + \frac{m \cdot N}{K_{u1}} = \frac{\dfrac{m}{n} \cdot N \cdot (nl_s)}{\eta_N \cdot E_1 A_1} + \frac{\dfrac{m}{n} \cdot N}{K_{u1}} \qquad (2\text{-}13)$$

即可得盾构隧道纵向抗拉刚度折减系数为

$$\eta_N = \frac{K_{u1}}{K_{u1} + \dfrac{E_1 A_1}{l_s}\left(1 - \dfrac{1}{n}\right)} \qquad (2\text{-}14)$$

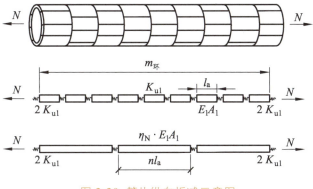

图 2-20 管片纵向折减示意图

同理，可以获得盾构隧道衬砌的纵向等效剪切刚度和纵向等效抗弯刚度折减系数 η_Q 和 η_M。

$$\eta_Q = \frac{K_{s1}}{K_{s1} + \dfrac{G_1 A_1}{l_s}\left(1 - \dfrac{1}{n}\right)} \tag{2-15}$$

$$\eta_M = \frac{K_{\theta 1}}{K_{\theta 1} + \dfrac{E_1 I_1}{l_s}\left(1 - \dfrac{1}{n}\right)} \tag{2-16}$$

2. 盾构施工数值模拟方法

结合盾构施工阶段的主要特点及施工过程土层的受力，将盾构施工过程分为开挖过程、管片拼装、注浆层凝固及固结沉降过程，开挖采用全断面形式，开挖进尺为管片宽度（1.5 m），如图 2-21 所示。

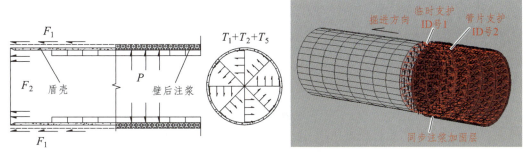

图 2-21 盾构施工模拟示意图

（1）开挖过程：

① 盾构开挖管片拼装前由于荷载由盾壳承担，因此考虑开挖时地层竖向压力由大刚度的临时壳单元承担，模型中设置一环大刚度壳单元，拼装管片时再删除此壳单元，并换上具有管片刚度的支护壳单元。

② 掌子面土层所受推力 F_2，以面荷载的形式施加，主要平衡掌子面土压力。

③ 盾构机环向土层面上，施加侧向摩阻力 F_1，模拟盾构推进过程中土层受到的摩擦力，仍然以面荷载的形式施加。

④ 施加驱动机构扭矩 $T_1 \sim T_5$ 中作用在开挖掌子面上的力矩，计算其合力，并以面荷载的形式施加到掌子面上。

⑤ 按照荷载释放率 30% 释放掌子面荷载。

（2）管片拼装过程：

① 删除临时支护 shell 单元，并换上具有管片刚度的支护 shell 单元。

② 删除作用在掌子面和盾壳周围的各种荷载。

（3）注浆及凝固过程：

① 在所加管片周围的土层上施加注浆压力，模拟同步注浆。

② 将盾构空隙的注浆层材料属性取为较低值，并随着开挖推进，逐渐增加其材料属性，模拟注浆硬化过程。

（4）固结沉降过程：

① 停止注浆，删除注浆压力。

② 待注浆土层达到强度值，释放所有荷载，并计算至平衡，模拟固结沉降。

3. 具体步骤及相关命令

（1）打开 FLAC 3D，首先使用 gen 命令生成网格，由于隧道结构具有对称性，先建立上隧道的一半，再对称生成上隧道其余部分，例如：

gen zon radc p0 0 0 0 p1 6 0 0 p2 0 1 0 p3 0 0 6 size 4 1 8 4 dim 3 3 3 rat 1 1 1 1.2 group out

gen zon c p0 0 0 0 p1 3 0 0 p2 0 1 0 p3 0 0 3 size 4 1 8 group insede

; 生成隧道一半

gen zon reflect dip 90 dd 90 orig 0 0 0

gen zon reflect dip 0 dd 0 ori 0 0 0

; 利用对称生成另一半

用相同方法生成下隧道及围岩，模型建立如图 2-22 所示。

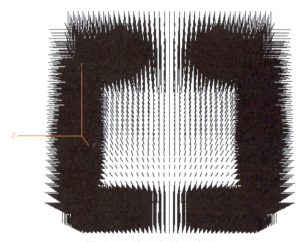

图 2-22 边界条件示意图

（2）利用 fix 命令施加边界条件，命令如下：

fix x range x　－25.05　－24.95

fix x range x　25.05　24.95

fix y range y　－36.95　－37.1

fix z range z　－0.1　0.1

fix z range z　－59.95　－60.1

边界条件对计算至关重要，如果边界条件施加不正确，会导致计算不收敛。因此建议施加边界条件后使用 pl gpfix 命令查看边界条件施加是否正确。正确的边界条件应该在模型侧面和地面均由约束，如图 2-22 所示。

（3）用 prop 命令为材料赋予参数。FLAC 3D 中提供了多种本构模型，如摩尔 - 库仑模型、应变硬化 / 软化塑性模型、修正剑桥模型等。其中最常用到的是摩尔 - 库仑模型。摩尔 - 库仑模型中体积模量和剪切模量与弹性模量的关系见下式：

$$k = \frac{E}{3(1-2\mu)} \tag{2-17}$$

$$G = \frac{E}{2(1+\mu)} \tag{2-18}$$

式中　k——体积模量，Pa；

　　　G——剪切模量，Pa；

　　　E——弹性模量，Pa；

　　　μ——泊松比。

给材料赋予参数命令如下所示：

m m；设定为摩尔 - 库仑模型

prop bulk 1.19e7 shear 0.82e7 f 23.7 c 5e3 ten 5e3 range y 13 5

prop bulk 2.8e7 shear 1.68e7 f 23.7 c 10.6e3 ten 10.6e3 range y 5 0

prop bulk 4.96e7 shear 2.73e7 f 20 c 8e3 ten 8e3 range y 0 -4

prop bulk 7.06e7 shear 4.24e7 f 22 c 8e3 ten 8e3 range y -4　-8

prop bulk 7.35e7 shear 6.41e7 f 20 c 12e3 ten 12e3 range y -8 -13

prop bulk 1.38e8 shear 1.04e8 f 20 c 10e3 ten 10e3 range y -13 -37

；摩尔 - 库仑模型相关参数

prop density 1950 range y 13 5

prop density 1880 range y 5 0

prop density 1920 range y 0 -4

prop density 2550 range y -4 -8

prop density 2580 range y -8 -13

prop density 2600 range y -13 -37

；材料重度

（4）生成初始应力场，命令如下：

set gravity 0 -10 0

solve rat 1e-6

save 塑性模型 .sav

初始应力场如图 2-23 所示。

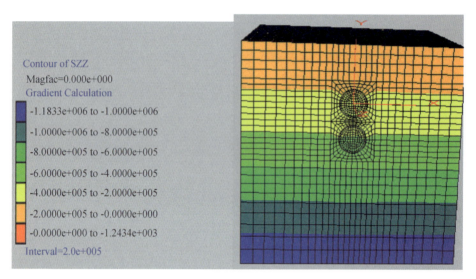

图 2-23 初始应力场

（5）在初始应力场生成之后，隧道开挖计算之间必须注意的一点：使用 ini 命令初始化重力产生的位移和速度。

ini xdisp 0 ydisp 0 zdisp 0

ini xvel 0 yvel 0 zvel 0

（6）采用盾构法施工的过程中，由于在掌子面上有刀盘施加的扭矩作用，为便于在掌子面上施加扭矩，计算之前需先对掌子面进行详细的分组。命令如下：

oup 1_1 range group 1 cyl end1 0 0 0 end2 0 0 -60 r 3 x 0 0.85 y 0.85 3

group 1_2 range group 1 cyl end1 0 0 0 end2 0 0 -60 r 3 x 0.85 1.9 y 1.4 3

group 1_3 range group 1 cyl end1 0 0 0 end2 0 0 -60 r 3 x 0.75 2.6 y 0.78 2.5

group 1_4 range group 1 cyl end1 0 0 0 end2 0 0 -60 r 3 x 0.85 3 y 0 2.5

;上隧道右上部分分组

group 1_8 range group 1 cyl end1 0 0 0 end2 0 0 -60 r 3 x 0 0.85 y -1 -3

group 1_7 range group 1 cyl end1 0 0 0 end2 0 0 -60 r 3 x 0.85 1.9 y -1.4 -3

group 1_6 range group 1 cyl end1 0 0 0 end2 0 0 -60 r 3 x 0.85 2.6 y -0.8 -2.5

group 1_5 range group 1 cyl end1 0 0 0 end2 0 0 -60 r 3 x 0.85 3 y 0 -2.5

;上隧道右下部分分组

group 1_9 range group 1 cyl end1 0 0 0 end2 0 0 -60 r 3 x 0 -0.85 y -1 -3

group 1_10 range group 1 cyl end1 0 0 0 end2 0 0 -60 r 3 x -0.85 -1.9 y -1.4 -3

group 1_11 range group 1 cyl end1 0 0 0 end2 0 0 -60 r 3 x -0.85 -2.6 y -0.8 -2.5

group 1_12 range group 1 cyl end1 0 0 0 end2 0 0 -60 r 3 x -0.85 -3 y 0 -2.5
；上隧道左下部分分组
group 1_16 range group 1 cyl end1 0 0 0 end2 0 0 -60 r 3 x 0 -0.85 y 1 3
group 1_15 range group 1 cyl end1 0 0 0 end2 0 0 -60 r 3 x -0.85 -1.9 y 1.4 3
group 1_14 range group 1 cyl end1 0 0 0 end2 0 0 -60 r 3 x -0.85 -2.6 y 0.8 2.5
group 1_13 range group 1 cyl end1 0 0 0 end2 0 0 -60 r 3 x -0.85 -3 y 0 2.5
；上隧道左上部分分组
上隧道分组后结果如图 2-24 所示。

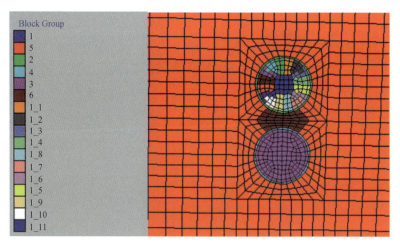

图 2-24　完整模型

（7）隧道开挖，使用 null 命令设置空单元。命令如下：
model null range group 1　　　　　　z 0 -1.5
model null range group 1_1　　　　　z 0 -1.5
model null range group 1_2　　　　　z 0 -1.5
⋮
model null range group 1_16　　　　z 0 -1.5
设置后的盾构开挖模型如图 2-25 所示。

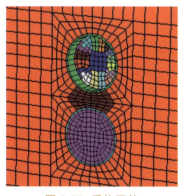

图 2-25　盾构开挖

（8）采用盾构法施工时，开挖后盾构壳及时提供支护，采用刚度较大的 shell 单元模拟盾构壳，用 sel 命令生成 shell 单元并赋予参数。命令如下：

```
sel shell id 1 group 2 range cyl end1 0 0 0 end2 0 0 -1.5 rad 3.0
sel shell prop isotropic 26.25e10, 0.2 thickness 0.3 density 2500 range id 1
```

盾构管片模拟如图 2-26 所示。

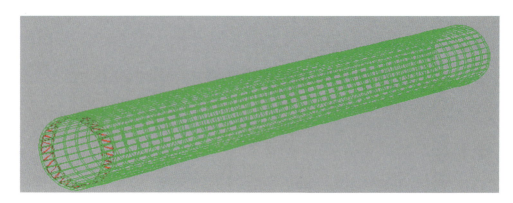

图 2-26 盾构管片模拟

（9）施加掌子面施加面力及扭矩，命令如下：

```
apply szz -0.25e6 range group 1 z -1.49 -1.51
apply szz -0.25e6 range group 1_1 z -1.49 -1.51
apply szz -0.25e6 range group 1_2 z -1.49 -1.51
⋮
apply szz -0.25e6 range group 1_16 z -1.49 -1.51
;开挖面应力
apply szx  0.0098e6 range    group  1_1 z -1.49 -1.51
apply szy -0.002e6 range     group  1_1 z -1.49 -1.51
apply szx  0.0083e6 range    group  1_2 z -1.49 -1.51
apply szy -0.0056e6 range    group  1_2 z -1.49 -1.51
⋮
apply szy 0.002e6 range      group  1_16 z -1.49 -1.51
apply szx 0.0098e6 range     group  1_16 z -1.49 -1.51
;扭矩
```

（10）施加盾构外壳与周围围岩之间的摩擦力、盾构自重及注浆压力，施加后需用 step 命令运行一定步数。命令如下：

```
;盾构摩擦力
apply dstress 0.1e6 range group 2 cyl end1 0 0 0  end2 0 0 -1.5 r 3
;注浆压力
```

apply nstress -0.15e6 range group 2 cyl end1 0 0 0 end2 0 0 -1.5 r 3

　;盾构机自重

apply nstress -0.06e6 range group 2 cyl end1 0 0 0 end2 0 0 -1.5 r 3 y -2 -3.5

step 500

（11）上盾构支护，并删除临时无穷大支护及面力、摩擦力、扭矩，并运行一定步长（500）。命令如下：

sel delete shell id 1 group 2 range cyl end1 0 0 lydb end2 0 0 lyde rad 3.0

　;删除摩擦力

pply remove dstress range group 2 cyl end1 0 0 0 end2 0 0 -1.5 r 3

　;删除面力

apply remove szz range group 1 z -1.49 -1.51

apply remove szz range group 1_1 z -1.49 -1.51

apply remove szz range group 1_2 z -1.49 -1.51

⋮

apply remove szz range group 1_16 z -1.49 -1.51

;删除扭矩

;上右边

apply remove szx range group 1_1 z -1.49 -1.51

apply remove szy range group 1_1 z -1.49 -1.51

apply remove szx range group 1_2 z -1.49 -1.51

apply remove szy range group 1_2 z -1.49 -1.51

⋮

apply remove szy range group 1_16 z -1.49 -1.51

apply remove szx range group 1_16 z -1.49 -1.51

step 500

（12）衬砌单元用 shell 模拟，生成衬砌单元并赋予参数。命令如下：

sel shell id 2 group 2 range cyl end1 0 0 lyde end2 0 0 lydb rad 3.0

sel shell prop isotropic 26.25e9, 0.18 thickness 0.3 density 2500 range id 2

（13）盾尾注浆过程采用逐步提高围岩参数实现，命令如下：

prop bu 0.006e9 sh 0.004e8 range group 2 z lysb0 lysb1

prop bu 0.024e9 sh 0.016e8 range group 2 z lysb1 lysb2

prop bu 0.069e9 sh 0.05e8   range group 2 z lysb2 lysb3

prop bu 0.139e9 sh 0.1e8   range group 2 z lysb3 lysb4

prop bu 0.28e9 sh 0.2e8   range group 2 z lysb4 lysb5

prop bu 0.56e9 sh 0.4e8   range group 2 z lysb5 lysb6

最后利用 solve 命令计算至平衡。

盾构施工推进过程实际上是一个连续前进的过程，在数值模拟中，采用的是刚度迁移法模拟盾构推进，即假设开挖一步正好为管片长度 1.5 m。在 FLAC 中可以采用内嵌的 FISH 函数编写一个循环语句来模拟盾构的一步步开挖。命令如下：

```
def exc
loop n（2，46）
  lydb = -1.5*n              ;盾构开挖面起点坐标
  lyde = -1.5*（n-1）          ;盾构开挖面终点坐标
  lydb1 = lydb + 0.1         ;盾构开挖面应力平衡控制坐标
  lydb2 = lydb-0.1           ;盾构开挖面应力平衡控制坐标


  lysb0 = -1.5*n
  lysb1 = -1.5*（n-1）        ;盾构管片起点坐标
  lysb2 = -1.5*（n-2）        ;盾构管片终点坐标
  lysb3 = -1.5*（n-3）        ;盾构管片起点坐标
  lysb4 = -1.5*（n-4）        ;盾构管片终点坐标
  lysb5 = -1.5*（n-5）        ;盾构管片起点坐标
  lysb6 = -1.5*（n-6）        ;盾构管片终点坐标
command
⋮
Endcommand
endloop
end
exc
```

中间步骤相同，只需相应变量代替具体数值即可。

2.2.5 计算结果分析

1. 地层应力

在本地质条件下，地层局部最大主应力约 0.6 MPa。由于隧道施工对两洞间地层纵向的影响较大，施工过程中夹土层的应力值变化范围值较大，为 0.24 ~ 0.4 MPa。

2. 地层位移

在此种工况计算中，地层的最大下沉值为 23.4 mm（上洞拱顶），最大隆起值为 6.55 mm（下洞拱底）。夹土层从下沉量 10 mm 到最后下沉 5.0 mm 左右。

3. 地表沉降

采用先下后上的施工顺序时，下洞施工引起的地表沉降值占其总沉降值的 53%，而上洞施工引起的地表沉降值占其总沉降值的 47%。同时，在此种工况下，由沉降曲线可知道，目标面的最大沉降是在盾构通过其约 15 m 后出现的，盾构到达前其沉降量反而减小，到达时沉降量开始增大，到盾构通过后，沉降量明显增大。在本地质条件下，采用先下洞后上洞的施工顺序，地表的最终沉降值为 20.2 mm，如图 2-27 所示。

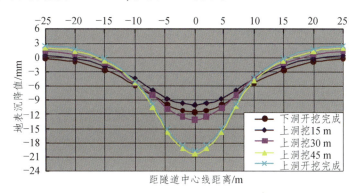

图 2-27　先下后上地表沉降图

4. 结构内力和安全系数

分析：下洞单洞开挖，下目标面的内力值为整个施工过程的最大值，最大弯矩值在拱顶，为 76.0 kN·m；轴力最大在拱腰，为 – 1 017 kN；安全系数也是在拱顶和仰拱处较低，见图 2-28。上洞的开挖由于卸载的作用，使得下洞的内力值减小，到上隧道开挖完成，下洞的弯矩减小为 42.2 kN·m，轴力减小为 – 787.7 kN，安全系数也增大了，见图 2-29。到两隧道贯通时，上洞目标面最大弯矩在拱顶，为 – 50.1 kN·m；最大轴力在拱腰，为 – 535.1 kN。与下洞比较，其弯矩轴力值都小得多，安全系数也适中。可见，就结构内力方面，此种工况的关键工序是下洞的施工。

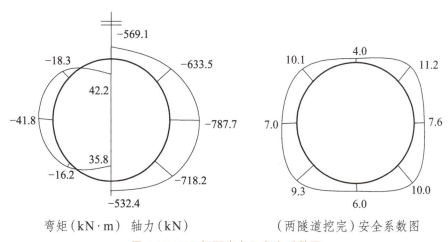

图 2-28　下目标面内力及安全系数图

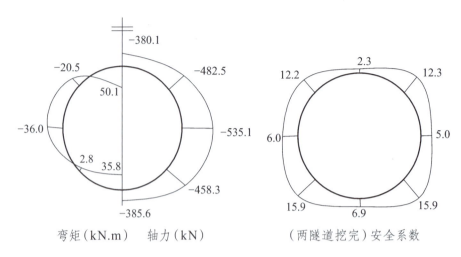

弯矩（kN.m）　轴力（kN）　　　（两隧道挖完）安全系数

图 2-29　上目标面内力及安全系数图

第 3 章　特殊围岩隧道建模方法及应用实例

3.1　卵石地层隧道（PFC）

3.1.1　工程概况

1. 设计概况

成都 — 绵阳 — 乐山客运专线设计速度为 200 km/h，基础设施速度目标值为 250 km/h，线路全长 323.19 km，北起江油，经绵阳、德阳、广汉、成都，然后向南经过彭山、眉山、夹江、峨眉，最后抵达乐山，如图 3-1 所示。

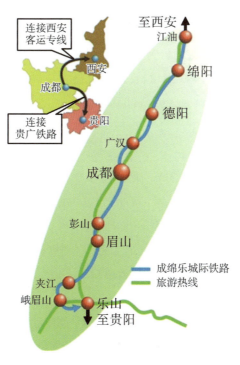

图 3-1　成绵乐客专线路图

机场路隧道从成都南站出站后, 沿机场路左侧辅道引入双流机场方向的机场路隧道, 起讫里程 DK165 + 530—DK170 + 920, 全长 5 390 m, 如图 3-2 所示。

图 3-2 机场路隧道线路图

2. 工程地质

测区上覆第四系全新统人工填筑土(Q_4^{ml})卵石土、粉质黏土、第四系上更新统冰水 - 流水堆积层(Q_3^{fgl+al})粉质黏土、中砂、卵石土, 下伏基岩为白垩系上统灌口组(K_2^g)泥岩。现分述如下:

(1)人工填土(Q_4^{ml}): 以卵石土、粉质黏土为主。卵石土为青绿色, 灰色, 色杂, 稍湿, 中密, 分选性较差, 石质成分以砂岩、花岗岩为主, 表层均有约 200 mm 厚的混凝土, 卵石土为道路填料, 厚 1 ~ 3 m, 属Ⅲ级硬土、B 组填料; 粉质黏土为黄褐色, 硬塑状, 主要分布于既有民房填方及高速公路路堤一带, 厚 1 ~ 2 m, 属Ⅱ级普通土、C 组填料。

(2)粉质黏土(Q_3^{fgl+al}): 黄褐色, 硬塑状, 下部含砂重, 厚 1 ~ 5 m, 属Ⅱ级普通土、C 组填料。

(3)中砂(Q_3^{fgl+al}): 灰褐、黄褐色, 松散~稍密, 潮湿~饱和, 质纯, 含少量黏粒, 呈透镜体状分布于粉质黏土层之下, 厚 0 ~ 3 m, 属Ⅰ级松土、C 组填料。

(4)卵石土(Q_3^{fgl+al}): 青褐、灰白色, 色杂, 稍密~中密, 饱和, 卵石含量为 50% ~ 70%, 粒径为 60 ~ 170 mm, 随深度增加卵石粒径增大。粗圆砾含量为 10%, 粒径为 20 ~ 60 mm, 其余为中砂充填, 成分以弱风化砂岩、花岗岩为主, 磨圆度较好, 分选性较差, 厚 3 ~ 15 m, 分布于全段粉质黏土层之下, 属Ⅲ级硬土、B 组填料。

(5)泥岩(K_2^g): 紫红、棕红色, 中厚层状, 砂泥质结构, 质软, 具遇水软化崩解、失水收缩开裂等特性。局部为泥质粉砂岩。含白色斑点状、薄层状石膏。表层全风化带(W_4)岩芯呈土状, 厚 0 ~ 2 m, 属Ⅲ级硬土、D 组填料; 强风化带(W_3)岩芯呈碎块状, 完整性较差, 厚 0 ~ 5.5 m, 属Ⅳ级软石、D 组填料; 之下的弱风化带(W_2)岩芯呈柱状、短柱状、饼状, 节长 5 ~ 40 cm, 属Ⅳ级软石、C 组填料。分布于全段卵石土层之下。

3. 水文地质

（1）地表水。

测区地表水主要为河流河水，受大气降水补给及上游排洪控制，粉质黏土为多裂隙土，局部含上层滞水，水量甚微。

（2）地下水。

地下水主要有两种类型：一是松散土层孔隙水；二是基岩裂隙水。

第四系孔隙水主要赋存于上更新统（Q_3）中砂、卵石土中，渗透性好，含水极其丰富，形成一个整体含水层，含水层总厚度为 4 ~ 25 m，为孔隙潜水，局部由于地形和上覆黏性土层控制，具微承压性。主要受地表水、大气降水补给。本次勘察期间测得钻孔水位埋深为 2 ~ 8 m。根据原三环路与机场路立交工程抽水试验资料：中砂、卵石土渗透系数 $K = 20 ~ 25$ m/d，为强透水层。本区间隧道基本位于中砂、卵石土中，受地下水的影响较大。上部的黏性土层为弱透水层，地下水含量甚微，对工程的影响较小。

基岩裂隙水主要赋存于基岩裂隙中，基岩岩性为泥岩，由于岩体较完整，裂隙不甚发育，加之泥岩透水性差，为相对隔水层，富水性较差，水量较小。

（3）地下水的补给、径流与排泄。

成都市充沛的降雨量（多年平均降雨量 947 mm，年降雨日达 140 天），构成了地下水的主要补给源。此外，区内地下水还接受 NW 方向的侧向径流和附近沟渠的补给。地下水径流至远处排泄基准面排泄。

（4）地下水的动态特征。

工程区域内地下水具有埋藏浅、季节性变化明显、水位西北高东南低等特点。根据区域水文地质资料，成都地区丰水期一般出现在 7—9 月份，枯水期为 12、1、2 月份，以 8 月份地下水位埋深最浅，其余月份为平水期。在天然状态下，段内枯水期地下水位埋深为 2 ~ 8 m；洪水期地下水埋深为 1 ~ 5 m，抗浮水位按地面以下 1 m 考虑。根据地下水位长期的动态观测资料可知，在天然状态下，水位年变化幅度一般为 1 ~ 3 m。该地区的地下水不具有承压性。

（5）水化学特征及其腐蚀性评价。

本次勘察取地下水样进行试验，水质类型多属 $HCO_3^- - Ca^{2+}$ 型、$HCO_3^- \cdot SO_4^{2-} - Ca^{2+}$ 型、$HCO_3^- - Ca^{2+} \cdot Na^+$ 型，水质对混凝土结构无侵蚀性。但据在 DZ-17-109 钻孔中所取水样（2008-成绵水 -339）的分析结果，水质类型属 $HCO_3^- \cdot SO_4^{2-} - Ca^{2+} \cdot Mg^{2+}$ 型，该水对混凝土结构具硫酸盐侵蚀，环境作用等级为 H1。本次钻探揭示：下伏灌口组泥岩含斑点状、薄层状石膏，地下水一般对混凝土结构具硫酸盐侵蚀，环境作用等级为 H2。施工中取水样化验，核查地下水对混凝土、钢筋、钢结构的腐蚀性。

（6）隧道涌水量预测。

隧道最大涌水量 $Q = 668 \times 10$ m^3/d，地下水压力为 100 ~ 150 kPa。

3.1.2　构建模型

机场路隧道深基坑工程，地质勘察测得场地地下水静止水位为地下 2 ~ 8 m，且成都地区地下水位年变化幅度为 1 ~ 3 m。本报告取初始地下水位为 – 5 m，如图 3-3 所示。

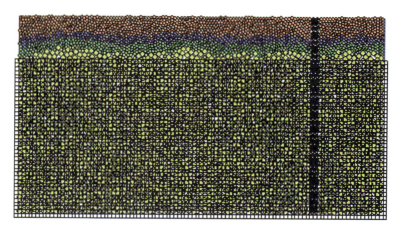

图 3-3　不同地下水位及开挖深度下基坑模型图

　　模型中由于卵石颗粒较大，为很好地模拟出水动力条件下颗粒流动和流出的过程，在距围护桩左侧 1 ~ 4 m 的基坑底部边界上设置一排水孔，在排水孔处设置一向下的抽水速度（抽水量）来模拟管井降水过程，如图 3-4 所示。

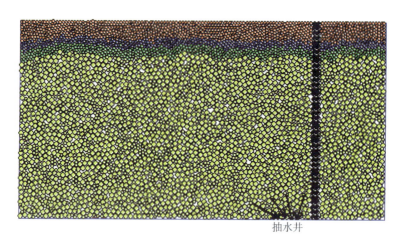

抽水井

图 3-4　抽水井模型图

3.1.3　计算参数

　　土体细观参数的选取过程，实际上是通过选取合适的颗粒结构细观力学参数，模拟出与其实际相符的宏观应力 - 应变曲线的过程。在利用颗粒离散元方法模拟土工问题时，其参数标定通常是采用三轴数值试验、直剪试验等方法。下面利用三轴数值试验，对颗粒接度、触刚摩擦系数、孔隙率及颗粒连接强度等细观参数对材料宏观力学特性的影响情况进行研究。

1. 试样模型的构建

　　试验的模拟大致分成三个步骤：生成试样、固结和加载。模型由 6 面墙体围成，上、下墙体模拟试样的加载，四面侧向墙体用来模拟围压。通过控制上、下墙体的移动速度来模拟试样的加载；在整个实验过程中，所有侧向墙体的速度是由伺服机制自动控制的，以使围压处于某一定值。

模型尺寸为 0.75 m×0.3 m×0.3 m，模型中土体由 1 611 个颗粒单元构成，颗粒半径为 0.015 ~ 0.025 m，颗粒密度取为 2 650 kg/m³。

图 3-5　三轴试验数值模型

试验过程中，侧向墙体的移动采用伺服机制控制。伺服控制的主要目的是通过控制墙体移动速度，达到墙体上所期望的应力值。与墙接触的颗粒对墙作用产生应力为

$$\sigma_{\mathrm{w}} = \frac{\sum\limits_{N_{\mathrm{c}}} F_{\mathrm{w}}}{ld} \tag{3-1}$$

式中：F_{w} 为颗粒作用于墙上的力；l 为墙的长度；d 为模型厚度；N_{c} 为所有与墙接触的颗粒的数量。

通过调用伺服控制机制来确定墙的应力并调整墙的速度，使得当前墙上的应力接近目标应力 σ_{t}。

墙的速度应满足：

$$\dot{u}_{\mathrm{w}} = G(\sigma_{\mathrm{w}} - \sigma_{\mathrm{t}}) = G\Delta\sigma \tag{3-2}$$

式中，G 根据下面方法进行估算。

注意，若伺服系统没有就位，则 $\sigma_{\mathrm{w}} = 0$，并且墙的速度给定为最大值。

在一个时步内因墙的运动而在墙上产生的力的最大值为

$$\Delta F_{\mathrm{w}} = K_n \dot{u}_{\mathrm{w}} \Delta t \tag{3-3}$$

式中，K_n 为所有与墙接触的接触刚度的总和。所以，墙上应力变化为

$$\Delta\sigma_{\mathrm{w}} = \frac{K_n \dot{u}_{\mathrm{w}} \Delta t}{ld} \tag{3-4}$$

为满足稳定性的要求，墙上应力变化的绝对值应小于目标值与监测值之差。在实际操作时，给定一个应力放松因子 α（缺省值为 0.5），此时，稳定性条件变为

$$|\Delta \sigma_w| < \alpha |\Delta \sigma| \tag{3-5}$$

将式（3-3）、（3-4）代入式（3-5），得到

$$\frac{K_n G |\Delta \sigma| \Delta t}{ld} < \alpha |\Delta \sigma| \tag{3-6}$$

所以，达到稳定性条件的 G 为

$$G \leqslant \frac{\alpha ld}{K_n \Delta t} \tag{3-7}$$

在每一循环开始时，墙的速度给定一个满足式（3-2）的值，而 G 要满足式（3-7）。

下面基于该模型，通过对颗粒接触刚度、摩擦系数、孔隙率及连接强度等参数进行反复调整，来分析各参数对材料宏观物理力学特性的影响规律。

2. 颗粒接触刚度对土体宏观力学特性的影响

不同颗粒接触刚度的偏应力 - 应变曲线及颗粒接触刚度与变形模量的关系曲线分别如图 3-6、图 3-7 所示，由图中可看出，颗粒的接触刚度对应力 - 应变曲线的形状影响很大。接触刚度越大，材料表现的宏观初始切向模量也越大，峰值强度也越高，剪切破坏时的轴向应变则变小，峰值强度以后削弱的程度也越大。

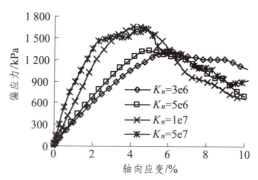

图 3-6 不同接触刚度的应力 - 应变曲线

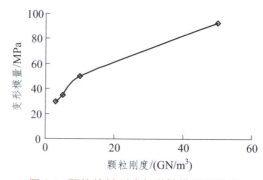

图 3-7 颗粒接触刚度与弹性模量的关系

随着颗粒刚度的增大, 在外荷载作用下, 细观上颗粒的变形由颗粒间的法向压缩和重叠逐渐向颗粒间的切向滑移转变。前者引起颗粒所占的体积减小, 宏观上表现出剪缩现象; 后者表现出颗粒间的切向滑移, 并引起颗粒间的孔隙变大。由图 3-8 可知, 在初始阶段材料表现为剪缩变形, 随着接触刚度的增大, 这种剪缩变形越来越小, 材料由减缩转向剪涨时相应的轴向应变也越小。

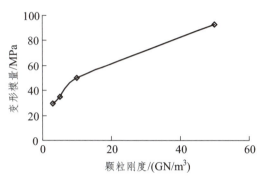

图 3-8　不同接触刚度的体积应变 - 轴应变曲线

3. 摩擦系数对土体宏观力学特性的影响

为了分析颗粒间的摩擦系数对土体宏观特性的影响, 本节在其他参数不变的情况下, 改变颗粒间的摩擦系数, 得出颗粒间的摩擦系数对土体宏观特性的影响规律。

图 3-9、图 3-10 所示分别为不同摩擦系数时应力 - 应变曲线和摩擦系数与峰值应力的关

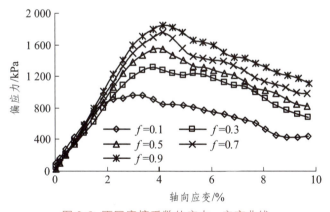

图 3-9　不同摩擦系数的应力 - 应变曲线

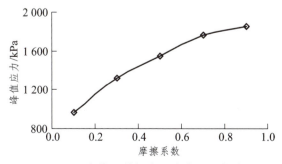

图 3-10　摩擦系数与峰值应力关系曲线

系曲线。从图中可以看出，随颗粒间摩擦系数的增大，曲线的峰值在提高，曲线有明显的软化特性。另外，由于颗粒之间的相互作用增大，克服颗粒间滑移需要的力也大，所以材料的变形模量也在增大，但是与接触刚度相比，摩擦系数对材料的初始切线模量影响较小。

图 3-11 为不同颗粒摩擦系数的体积应变 - 轴应变曲线。由图中看出，在初始阶段，体积减小，随后由于颗粒间的剪动，体积开始增大；到开始阶段，曲线较陡，而后逐渐趋于变缓，而且随着颗粒间摩擦系数的增大，剪涨现象越强烈；最后，摩擦系数与内摩擦角的关系由图 3-12 可以看出，摩擦系数越大，材料内摩擦角越大。

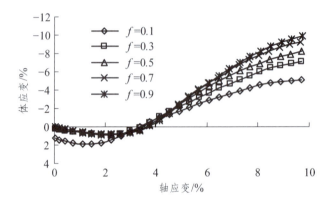

图 3-11　不同摩擦系数的体积应变 - 轴应变曲线

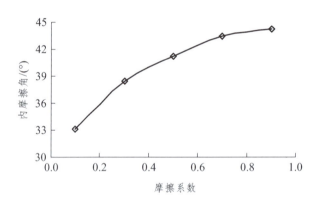

图 3-12　摩擦系数与内摩擦角关系曲线

4. 孔隙率对土体宏观特性的影响

图 3-13、图 3-14 所示分别为不同孔隙率的应力 - 应变曲线和孔隙率与变形模量关系曲线。从图中可以看出，孔隙率对峰值强度和变形模量影响较大，孔隙率越小，应力 - 应变曲线的初始坡度越陡，峰值强度越高，达到峰值强度时轴向应变则越小，变形模量越大，并且表现出明显的软化现象。

图 3-15、图 3-16 所示分别为不同孔隙率的体应变 - 轴应变曲线和孔隙率与材料内摩擦角关系曲线。由图中可以看出，孔隙率越小，材料的剪涨现象越明显；材料的内摩擦角受孔隙率的影响较大，随孔隙率的增大而减小。

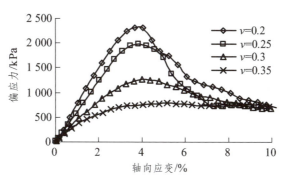

图 3-13　不同孔隙率情况下的应力 - 应变

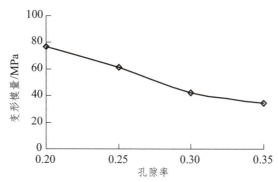

图 3-14　孔隙率与变形模量关系曲线

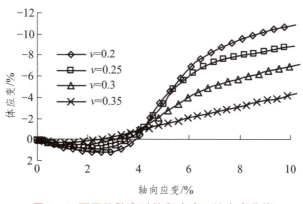

图 3-15　不同孔隙率时体积应变 - 轴应变曲线

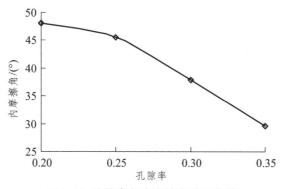

图 3-16　孔隙率与内摩擦角关系曲线

5. 连接强度对材料宏观力学特性的影响

不同连接强度的材料的应力 - 应变曲线和体积应变 - 轴应变曲线分别如图 3-17、图 3-18 所示。

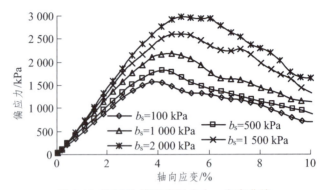

图 3-17 不同连接强度时应力 - 应变曲线

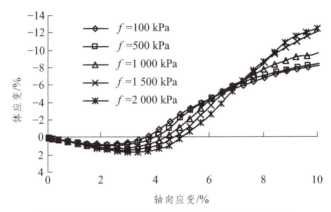

图 3-18 不同连接强度时体积应变 - 轴应变曲线

由上述两图可以看出,颗粒连接强度越大,对应的峰值强度也越大,对应出现峰值强度时的轴应变也越大,而且连接强度较大时,应力 - 应变曲线的软化特性越明显。

6. 土体宏观参数的计算

根据上述规律及试验结果,对各组参数条件下所获得的应力 - 应变曲线进行分析,可得到如下一些宏观参数:

(1)变形模量。

假定在曲线的初始弹性阶段材料符合胡克定律,应力 - 应变的关系可由下式表示:

$$
\begin{Bmatrix} \dot{\varepsilon}_1 \\ \dot{\varepsilon}_2 \\ \dot{\varepsilon}_3 \end{Bmatrix} = \frac{1}{E} \begin{Bmatrix} 1 & -\nu & -\nu \\ -\nu & 1 & -\nu \\ -\nu & -\nu & 1 \end{Bmatrix} \begin{Bmatrix} \dot{\sigma}_1 \\ \dot{\sigma}_2 \\ \dot{\sigma}_3 \end{Bmatrix}
\tag{3-8}
$$

式中 $\dot{\varepsilon}_i (i=1, 2, 3)$ —— 应变变化率;

$\dot{\sigma}_i (i=1, 2, 3)$ —— 应力变化率;

E—— 杨氏模量；

v—— 泊松比。

试验在固结阶段时，$\sigma_1 = \sigma_2 = \sigma_3 = \sigma_c$。加载时轴向应力增大，而 σ_2 和 σ_3 保持不变，即 $\dot{\sigma}_2 = \dot{\sigma}_3 = 0$，这样，轴向应变率可以表示为轴向应力变化率的函数，通过公式变换，变形模量可以表示为

$$E = \frac{\dot{\sigma}_1}{\dot{\varepsilon}_1} \tag{3-9}$$

实际计算时，取相应应力变化范围的某段应力 - 应变关系曲线的切线或割线斜率计算，一般情况下可取偏差应力从零变化到 1/2 或 1/3 峰值这段应力 - 应变关系曲线的割线斜率作为土的变形模量代表值，成为平均变形模量。

（2）内摩擦角。

目前在土体抗剪强度分析中，大多仍沿用极限平衡理论的理想塑性体假设。此时，土体的破坏准则即为初始屈服准则，在土力学中常用 Mohr-Coulomb 破坏准则。通常以其应力 - 应变曲线的峰值应力作为其破坏强度；如无峰值，可取轴向应变达到 15% 时的应力作为其破坏强度。

对于黏聚力 $c = 0$ 的土体。此时，Mohr-Coulomb 破坏准则可表达为

$$F(\sigma_1, \sigma_3) = (\sigma_1 - \sigma_3) - (\sigma_1 + \sigma_3)\sin\varphi = 0 \quad \sigma_3 \leqslant \sigma_2 \leqslant \sigma_1 \tag{3-10}$$

由此得

$$\sin\varphi = \frac{\sigma_{1f} - \sigma_{3f}}{\sigma_{1f} + \sigma_{3f}} = \frac{K_f - 1}{K_f + 1} \tag{3-11}$$

式中　K_f—— 破坏主应力比。

（3）泊松比。

泊松比可以从体积应变 - 轴应变曲线上获得。体积应变定义为：$\varepsilon_{\mathrm{vol}} = \varepsilon_1 + \varepsilon_2 + \varepsilon_3$，同样体积应变率也可以表示为轴向应变率和侧向应变率的函数，由式（3-8），根据加载条件令 $\dot{\sigma}_2 = \dot{\sigma}_3 = 0$，可得

$$\dot{\varepsilon}_{\mathrm{vol}} = \dot{\varepsilon}_1 + \dot{\varepsilon}_2 + \dot{\varepsilon}_3 = \frac{1}{E}(1 - 2v)\dot{\sigma}_1 \tag{3-12}$$

把式（3-9）代入式（3-12），并且 $\dot{\sigma}_1$ 可表示为 $\dot{\varepsilon}_1$ 的函数，这样，经过公式变换，体积应变率和轴向应变率的比值可表示为

$$\frac{\dot{\varepsilon}_{\mathrm{vol}}}{\dot{\varepsilon}_1} = \dot{\varepsilon}_1 + \dot{\varepsilon}_2 + \dot{\varepsilon}_3 = 1 - 2v \tag{3-13}$$

则

$$v = \left(1 - \frac{\dot{\varepsilon}_{\mathrm{vol}}}{\dot{\varepsilon}_1}\right)/2 \tag{3-14}$$

3.1.4 模拟步骤

根据机场路隧道的水文地质概况,取初始地下水位为 −5 m。模型中各土层、流体模拟方法及计算参数同降水条件下的基坑开挖一样,但考虑颗粒流失及软件本身的可模拟性,围护桩采用双排颗粒进行模拟,各层钢支撑则用其与围护桩对应的连接位置处施加横向力来代替模拟。在开挖过程中先抽水后开挖,每次具体计算剖面的支护、抽水、开挖模拟共分成 10 个步骤进行,如表 3-1 所示。

表 3-1 基坑开挖概况

步数	抽水情况	基坑开挖深度 /m	钢支撑位置 /m
1	设置初始水位	0	无
2	边抽水边开挖	− 2.5	− 0.25
3	抽水	—	无
4	边抽水边开挖	− 7.5	− 5.25
5	抽水	—	无
6	边抽水边开挖	− 12.5	− 10.25
7	抽水	—	无
8	边抽水边开挖	− 17.5	− 15.25
9	抽水	—	无
10	边开挖边抽水	− 20	无

为模拟出不同的井管周围的填滤料粒径和抽水泵的流量在机场路隧道中的实际运用,本次计算模拟了填滤料粒径为 4 mm、8 mm、12 mm 和无滤料同时在每种滤料粒径下设置 10 m³/h、20 m³/h、40 m³/h、80 m³/h 和 160 m³/h 五种不同的抽水量即共 20 种工况来分析并得到最优的填滤料粒径和抽水泵的流量。其中过滤墙的法向刚度和切向刚度都为 $1×e^{10}$ N·m^{-1},摩擦系数为 2。

3.1.5 计算结果分析

为得到最优情况,本次计算提取了每种工况开挖完成后的地表最大沉降值和颗粒流失个数来进行比较分析。具体情况如表 3-2、表 3-3 所示。

表 3-2 不同工况下地表最大沉降量

填滤料粒径 /mm	抽水量 / (m³/h)				
	10	20	40	80	160
4	− 13.32	− 16.47	− 27.65	− 39.33	− 61.24
8	− 16.24	− 18.43	− 30.38	− 43.13	− 65.22
12	− 19.01	− 21.67	− 32.05	− 48.89	− 70.78
无填滤料	− 20.68	− 23.89	− 34.63	− 50.24	− 73.31

注:表中地表最大沉降量单位为 mm。

表 3-3　不同工况下颗粒流失个数

填滤料粒径 /mm	抽水量 /（m³/h）				
	10	20	40	80	160
4	0	2	4	8	19
8	5	7	15	18	2
12	8	11	16	24	35
无填滤料	11	13	17	25	39

由以上两表可知：① 填滤料粒径一定时，抽水量越大地表下沉值越大；② 抽水量一定时，填滤料粒径越大地表下沉量越大；③ 颗粒流失个数随着填滤料粒径和抽水量的增大逐渐增多，且在填滤料粒径为 4 mm、抽水量为 10 m³/h 的情况下没有颗粒流失。

当抽水量大于 40 m³/h 时，地表最大沉降值大于 0.1% 基坑深度，不满足规范对一级基坑地表沉降的要求。这说明基坑应选取较小的抽水量进行抽水，而抽水量为 10 m³/h 的情况下地表最大沉降值与抽水量为 20 m³/h 的地表沉降值相差较小，但考虑到地下水位较高水量较为丰富，为达到迅速降低地下水位的要求，本报告认为在现场的实际抽水过程中应选择为 20 m³/h 的抽水量。

当抽水量为 20 m³/h 时，提取出填滤料粒径为 4 mm、8 mm、12 mm 和无滤料这四种工况下基坑开挖完成后的地表沉降，如图 3-19 所示。

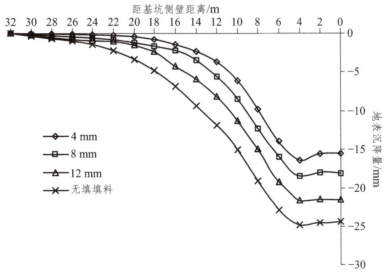

图 3-19　基坑周围地表沉降分布示意图

由图 3-19 可知，填滤料粒径为 12 mm 和无滤料这两种工况时，在靠近围护桩的附近，地表的沉降值都超过了 20 mm，大于 0.1% 基坑深度，不满足规范对一级基坑地表沉降的要求。而填滤料粒径为 4 mm 和 8 mm 时，基坑的地表沉降值都小于 20 mm，满足规范对一级基坑地表沉降的要求，且由表 3-4-2 知这两种工况开挖完成后颗粒流失也非常少分别为 2 个和 7 个，所以本报告认为现场抽水井周围应选择粒径为 4 ~ 8 mm 的填滤料。

为进一步研究抽水条件下基坑的地表沉降规律，本报告选取填滤料粒径为 8 mm、抽水量为 20 m³/h 的工况来分析。本计算所得各抽水开挖层下基坑周围的地表沉降结果及分析如下。

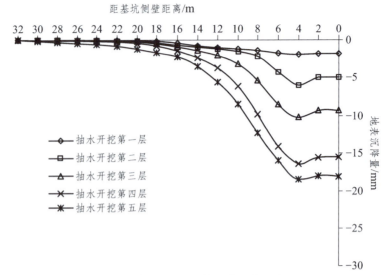

图 3-20　基坑周围地表沉降分布示意图

由图 3-20 知：① 地面沉降量最大值并非发生在基坑坑壁处，而是在离坑壁一定距离处（4 m）。这对应于基坑底部抽水井的位置，说明了抽水井处颗粒的流失对模型的正上方区域影响最大，其他部位影响较小；② 沿远离坑壁方向逐渐减小，距离坑壁越远变化幅度越小，最终趋于定值；③ 每开挖抽水一步，在地表都有一定的沉降增量，每步开挖形成的沉降分布曲线形状相似；④ 第三层开挖和第四层开挖之间的地表沉降量差值最大，这是卵石的强渗透性引起的；⑤ 基坑支护开挖完成后，地表沉降最大值为 18.43 mm，小于 0.1% 基坑深度，满足规范对一级基坑地表沉降的要求。

提取出开挖完成后两种工况下的地表沉降值和两者之间的差值所得曲线，如图 3-21 所示。

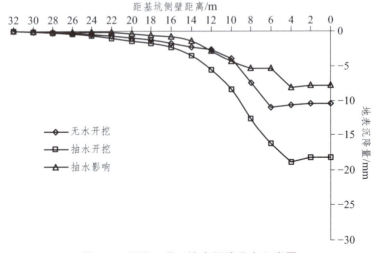

图 3-21　不同工况下地表沉降分布示意图

注：图中抽水影响的地表沉降量等于抽水开挖与无水开挖的地表沉降量差值。

由图 3-21 可知：① 水对基坑开挖的安全性影响较大，仅由抽水引起的地表沉降较无水开挖的小，约占总地表沉降的 40%；② 抽水影响的地表沉降曲线在距基坑侧壁 6 m 处发生突变，这是由于无水开挖时地表沉降最大值发生在距基坑侧壁 6 m 左右的范围内，抽水开挖时地表沉降最大值发生在距基坑侧壁 4 m 左右的范围内；③ 纯抽水的地表沉降范围为距基坑侧壁 30 m。

1. 土颗粒细观流动过程

抽排水作用下颗粒流失造成的影响范围由于主要发生在抽水井附近，为此本报告选取图 3-22 靠近抽水井部分并进行放大来研究颗粒流失影响范围内的颗粒细观流动过程。

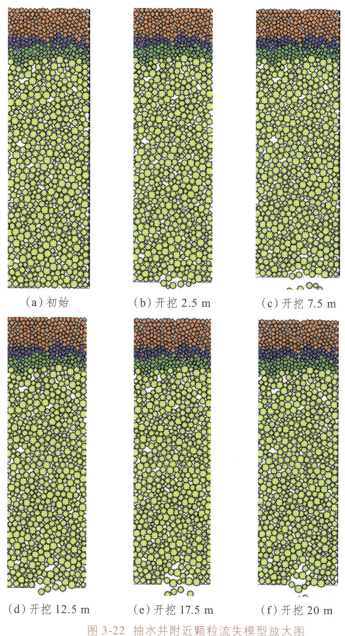

（a）初始　　　　　（b）开挖 2.5 m　　　　　（c）开挖 7.5 m

（d）开挖 12.5 m　　　　（e）开挖 17.5 m　　　　（f）开挖 20 m

图 3-22　抽水井附近颗粒流失模型放大图

由图 3-22 可知：① 抽水时在抽水井附近颗粒首先开始流失并逐渐形成空隙，在持续的抽水作用下空隙逐渐变大，卵石地层开始下沉，随着颗粒流失的越来越多，砂土层也开始下降，粉质黏土层下沉的时刻较晚，但下沉的速度很快，并随之引起人工填土层下沉，最终地表沉降。这是由于抽水井附近颗粒流失，形成空隙，并且随着抽水继续进行，下部颗粒越流越多，空隙会越来越大，而上部颗粒也会在水动力作用下往下移动并占据原有的下部颗粒空间，这种连锁作用持续到模型上部，最终导致各土层的下移。② 在基坑底部，随着抽排水的进行逐渐产生空洞且空洞越来越大，上部模型中原有空隙或被逐渐填实或逐渐增大发展成为空洞。

不同抽水开挖步骤下颗粒总流失面积占模型面积的百分比如图 3-23 所示。

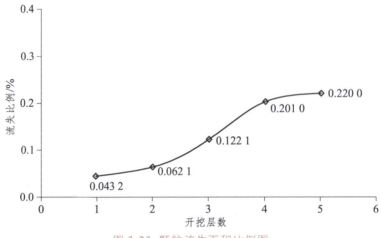

图 3-23　颗粒流失面积比例图

由图 3-23 可知：① 由于颗粒流失数量逐渐增多，颗粒的流失面积必然逐渐增大。② 刚开始抽水开挖时颗粒流失面积增长较慢，随着开挖的进行颗粒流失面积增幅突然变大，抽水开挖接近完成后颗粒面积流失所占比例增长的又很缓慢。这是由于刚开始抽水时，颗粒间的旧的平衡被逐渐打破，所以颗粒流失较少，随着抽水的继续进行，颗粒平衡被打破后，颗粒间接触力越来越小，相互作用力也越来越小，颗粒所受约束也越来越小，进而使得颗粒下沉速度变快，颗粒流失变多，直至卵石地层形成拱作用并且颗粒间达到新的平衡，这样使得颗粒间又相互依靠，减缓颗粒流失，最终使得颗粒流失面积增长缓慢。③ 开挖完成后，颗粒总流失面积占模型总面积的比例依然很小。

为了更细观地分析颗粒流失对土层的影响，本报告在抽水井正上方设置 51、52、53、54、55、56 和 57 七个测量圆来监测抽水开挖施工过程中土体孔隙率的变化，具体布置图如图 3-24 所示。

由图 3-25 可知：① 测量圆 51 随着抽水开挖的进行，其内部孔隙率逐渐变大，开始时变大的速度较慢，抽水开挖过程中的速度较快，接近开挖完成时的速度又变慢。这是由于该测量圆位于基坑底部，最靠近排水孔，刚开始时颗粒间的相互作用力较大，对颗粒流失有一定的阻碍作用，随着抽水的继续进行，颗粒逐渐下移，测量圆内的空隙逐渐变大，使得颗粒间的接触逐渐被破坏，颗粒间的相互作用力逐渐减小，颗粒受到的束缚力变小，颗粒流失较多，进而使得该测量圆内的孔隙率变大速度又较快，抽水开挖接近完成时，颗粒间形成新的平衡又减缓颗粒流失的速度，最终使得孔隙率虽有继续变大但仍很缓慢。② 测量圆 53 的孔隙率先

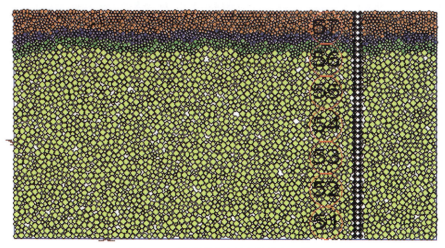

图 3-24　排水孔附近测量圆布置图

增大后减小。这是由于该测量圆位于基坑中下部,刚开始时随着下部颗粒流失,其内部颗粒在水动力作用下也往下移动来填补原有颗粒所占的空间并产生松动,内部空隙变大,孔隙率变大,但随着抽水开挖的进行,下部卵石层颗粒产生成拱作用,阻碍该区域内的颗粒下降,而上部颗粒却仍要往下移积又积压了该部分颗粒,所以使得该测量圆内孔隙率大为减小,并低于初始值。③ 别的测量圆内的孔隙率大体呈变大趋势,但增幅很小。这是由于对卵石层内的测量圆来说,颗粒粒径较大,颗粒间作用力较大,对颗粒的下沉有一定的"拖拽"作用,而对于另外三种土层内的测量圆来说,由于颗粒粒径较小,同一测量圆内的颗粒数也就较多,颗粒间的接触也就较为紧密,所以在抽水作用下,颗粒虽有下移但空隙增长较为缓慢,其孔隙率也就较小。④ 在接近抽水开挖完成时,各测量圆的孔隙率变化很小。

随着抽水开挖的进行,不同测量圆内部的孔隙率变化如图 3-25 所示。

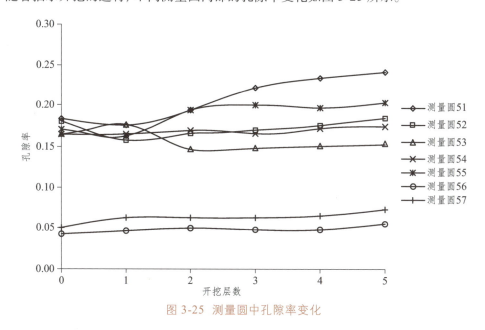

图 3-25　测量圆中孔隙率变化

由图 3-25 可知：① 测量圆 51 随着抽水开挖的进行，其内部孔隙率逐渐变大，开始时变大的速度较慢，抽水开挖过程中的速度较快，接近开挖完成时的速度又变慢。这是由于该测量圆位于基坑底部，最靠近排水孔，刚开始时颗粒间的相互作用力较大，对颗粒流失有一定的阻碍作用，随着抽水的继续进行，颗粒逐渐下移，测量圆内的空隙逐渐变大，使得颗粒间的接触逐渐被破坏，颗粒间的相互作用力逐渐减小，颗粒受到的束缚力变小，颗粒流失较多，进而使得该测量圆内的孔隙率变大速度又较快，抽水开挖接近完成时，颗粒间形成新的平衡又减缓颗粒流失的速度，最终使得孔隙率虽有继续变大但仍很缓慢。② 测量圆 53 的孔隙率先大后减小。这是由于该测量圆位于基坑中下部，刚开始时随着下部颗粒流失，其内部颗粒在水动力作用下也往下移动来填补原有颗粒所占的空间并产生松动，内部空隙变大，孔隙率变大，但随着抽水开挖的进行，下部卵石层颗粒产生成拱作用，阻碍该区域内颗粒颗粒下降，而上部颗粒却仍要往下移积又积压了该部分颗粒，所以使得该测量圆内孔隙率大为减小，并低于初始值。③ 别的测量圆内的孔隙率大体呈变大趋势，但增幅很小。这是由于对卵石层内的测量圆来说，颗粒粒径较大，颗粒间作用力较大，对颗粒的下沉有一定的"拖拽"作用，而对于另外三种土层内的测量圆来说，由于颗粒粒径较小，同一测量圆内的颗粒数也就较多，颗粒间的接触也就较为紧密，所以在抽水作用下，颗粒虽有下移但空隙增长较为缓慢，其孔隙率也就较小。④ 在接近抽水开挖完成时，各测量圆的孔隙率变化很小。

各抽水开挖步下的测量圆变化如图 3-26 所示。

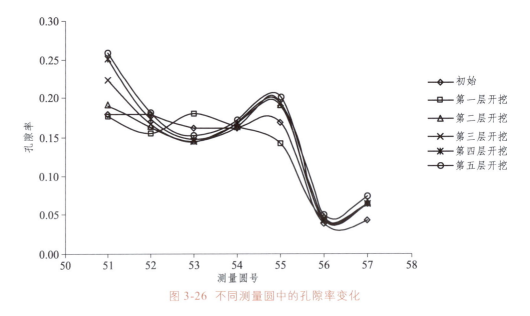

图 3-26 不同测量圆中的孔隙率变化

通过以上分析，较好地说明了在抽水作用影响范围内孔隙率的变化，反映了抽水开挖过程中抽水井附近土体的细观变化。

2. 土颗粒流动过程中颗粒速度的演变情况

由图 3-27（a）~（e）可知：① 抽水井附近的颗粒的速度是向下的；② 基坑内部的颗粒的速度是向斜上的，越靠近临空面速度越大；③ 在同样的速度矢量比例下，其余部分的颗粒的速度较大，随着抽水的进行，其速度又变小。

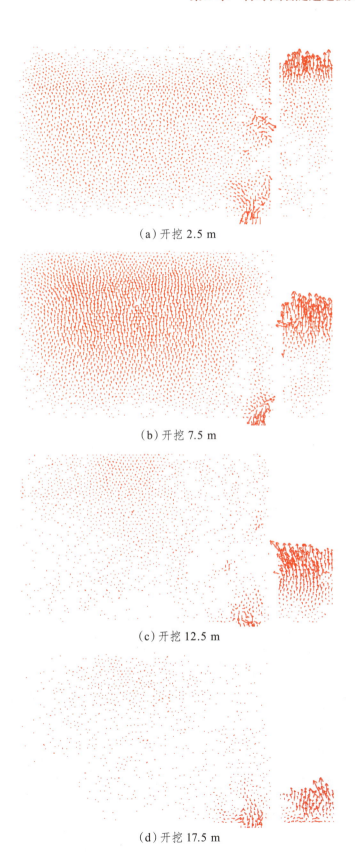

(a) 开挖 2.5 m

(b) 开挖 7.5 m

(c) 开挖 12.5 m

(d) 开挖 17.5 m

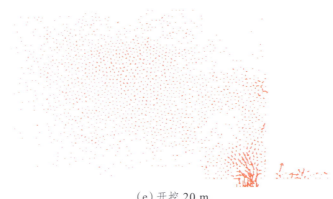

（e）开挖 20 m

图 3-27 颗粒速度矢量图

3.2　层状围岩算例

3.2.1　工程概况

　　某隧道位于一包含高角度连续节理的岩体内,节理倾角为 50°,平均间距为 7 m,断面为半径 9 m 的圆形。贯穿于开挖面内的一垂直断层,在隧道拱顶形成了一个三角楔形体。

　　本算例使用 UDEC 的结构单元逻辑来模拟喷射混凝土和锚杆联合支护的圆形隧道开挖问题。

3.2.2　构建模型

　　隧道埋深 451 m,为半径 9 m 的圆形隧道,本次计算模型左、右边界取 41 m,隧道至上、下边界也取 41 m。总的来说,模型长 100 m,宽 100 m。计算模型如图 3-28 所示。

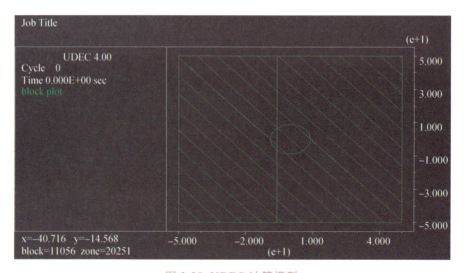

图 3-28　UDEC 计算模型

3.2.3 计算参数

在包含高倾角节理和垂直断层的岩体内进行圆形开挖的 UDEC 模型岩体、节理和断层参数如表 3-4 ~ 3-8 所示。

表 3-4 完整岩石物理力学参数

密度 / (kg/m³)	体积模量 K/GPa	剪切模量 G/GPa
2 500	1.5	0.6

表 3-5 节理、断层物理力学参数

法向刚度 K_N/ (GPa/m)	切向刚度 K_S/ (GPa/m)	抗拉强度 /Pa	黏聚力 c/Pa	摩擦角 φ/ (°)
2	2	100	100	10

表 3-6 喷射混凝土物理力学参数

密度 / (kg/m³)	弹性模量 E/GPa	泊松比 υ	拉伸屈服强度 /MPa	残余屈服强度 /MPa	抗压屈服强度 /MPa
2 500	21	0.15	2	1	4

表 3-7 岩体和喷射混凝土接触面物理力学参数

法向刚度 K_N/ (GPa/m)	切向刚度 K_S/ (GPa/m)	抗拉强度 /MPa	黏聚力 c/MPa	摩擦角 φ/ (°)
1	1	1	1	45

表 3-8 锚杆物理力学参数

锚杆模量 /GPa	极限抗拉强度 /MN	浆液黏结刚度 / (GN/m/m)	浆液黏聚强度 / (MN/m)
100	10	1	1

作为演示的目的,隧道开挖和支护是瞬时发生的。本算例共两种支护分析被计算:第一,只施加喷射混凝土衬砌;第二,喷射混凝土和锚杆联合提供支护。

为了在第二种支护情况分析中可以更清晰地看到锚杆提供的支护,算例采用喷射混凝土的抗压强度被设置成一个很低的值,且厚度仅取为 10 cm。

3.2.4 模拟步骤

1. 建立模型

在 UDEC 中输入以下命令可建立隧道结构模型及边界,如图 3-29 所示。

```
new                      ;刷新 UDEC 窗口,重新调用一个新程序
round 0.1                ;块与块之间的圆角半径,必须小于块体最小边的 1/2
block -50, -50 -50, 50 50, 50 50, -50        ;建立模型框架
jset -50, 0 100, 0 0, 0 7, 0                 ;设置节理
```

crack -6 -50 -6 50	;设置断层
tunnel （0，0）9，16	;模拟开挖隧道边界
del range area 0.08	;删除面积小于 0.08 的块体
gen edge 10	;自动划分单元,单元最大边长不超过 10

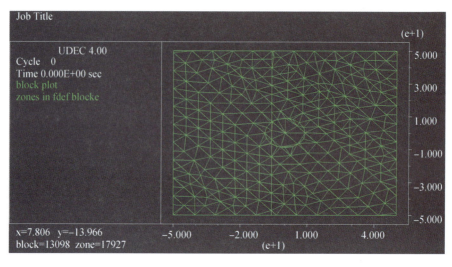

图 3-29 初步模型图

2. 设置单元属性和材料特征

在 UDEC 中输入如下命令设置单元属性和材料特征:

prop mat 1 de 2500 k 1.5e9 g 0.6e9	;定义围岩密度、体积模量、剪切模量（软件默认的是线弹性模型,可以通过 change 命令改变本构关系）
prop jmat = 1 jkn 2e9 jks 1e9 & jfric 10 jcoh 100 jtens 100	;定义节理与断层的法向刚度、切向刚度、摩擦角、黏聚力以及抗拉强度（默认节理面遵循摩尔 - 库仑准则计算,可以通过 change 命令设置）

3. 施加约束及荷载

（1）施加约束条件。

输入如下命令对模型施加约束条件（对围岩左侧和右侧节点,设置约束条件为 UX 被约束;对围岩底部节点,设置约束为 UY 被约束）,如图 3-30、图 3-31 所示。

bound stress 0 0 -10e6 range yran 49 51	;上侧边界施加 400 m 埋深等效荷载
bound yvel = 0 range yran -51 -49	;约束下边界
bound xvel = 0 range xran -51 -49	;约束左侧边界
bound xvel = 0 range xran 49 51	;约束右侧边界

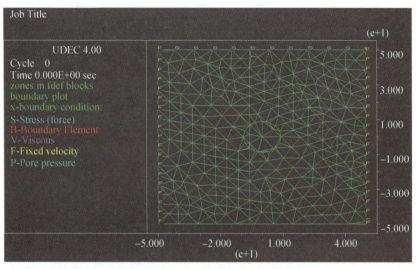

图 3-30　左右侧边界施加约束

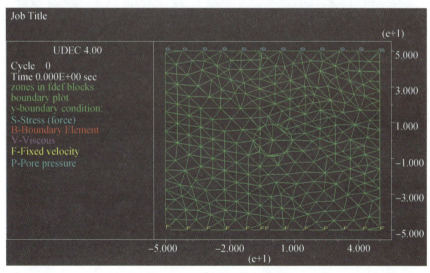

图 3-31　下侧边界施加约束

（2）施加自重。

设置 Y 方向的加速度：$10\ \mathrm{m/s^2}$，生成 Y 轴反方向的惯性力。

set grav 0 -10　　　;设置重力加速度

3.2.5　计算结果分析

1. 求解初始应力场

岩体在自重应力下会产生初始应力场，这时还未开挖，未施加支护结构，求解得到初始应力场。相应的命令如下：

solve rat 1e-5　　　　　　　　;求解

save supp1.sav　　　　　　　　;保存(默认为安装目录,可以设置保存路径)

得到的初始应力场和初始位移场分别如图 3-32、图 3-33 所示,输入命令如下:

pl bl stress　　　　　　　　　;显示围岩应力

pl ydisp fill　　　　　　　　　;显示 Y 方向位移

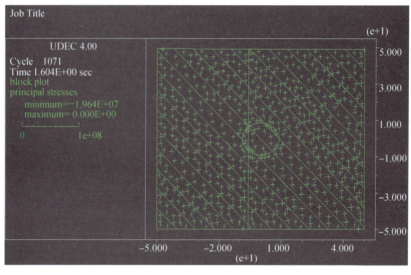

图 3-32　初始围岩应力

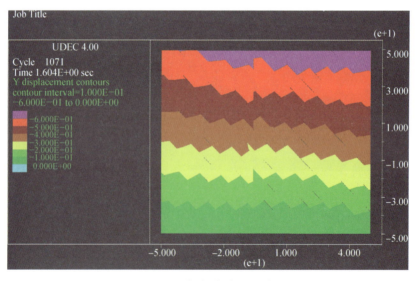

图 3-33　初始位移等值线

2. 求解开挖并施加喷射混凝土衬砌支护

(1)"杀死"开挖内部围岩,施加支护单元。输入命令如下:

rest supp1.sav　　　　　　　　　　;读取文件 supp1.sav

```
reset time disp hist                          ;重置计算步、位移、历史
hist ydisp 0, 5                               ;设置拱顶位移监测点
delete range annulus （0, 0） 0 9              ;开挖内部围岩
struct gen xc 0 yc 0 npoin 36 mat 2 thick 0.1 fang 0 theta 180
                                              ;在隧道上半部分施加梁单元,用以模拟喷
                                               射混凝土
struct change area 0.2 inertia 0.025          ;设置喷射混凝土截面面积、惯性矩
prop mat 2 st_dens 2500 st_prat 0.15 st_ymod 21e9
                                              ;设置喷射混凝土密度、泊松比、弹性模量、
                                               抗压强度、抗拉强度、残余强度
prop mat 2 st_ycomp 4e6 st_yield 2e6 st_yresid 1e6
prop mat 2 if_kn 1e9 if_ks 1e9 if_fric 45 if_ten 1e6 if_coh 1e6
                                              ;设置喷射混凝土与围岩接触面参数
```

（2）求解及结果输出。

求解及结果输出命令如下。计算结果如图 3-34 ~ 3-38 所示。

```
step 4920                                     ;求解（与 solve 命令类似,控制标准不同）
save supp2.sav                                ;保存计算结果
pl bl stress                                  ;显示围岩应力
pl ydisp fill                                 ;显示 Y 方向位移
pl hist 1                                     ;显示记录点拱顶沉降曲线
pl bl struct axial fill struct lmag           ;显示喷射混凝土轴力
pl bl struct moment fill struct lmag          ;显示喷射混凝土弯矩
```

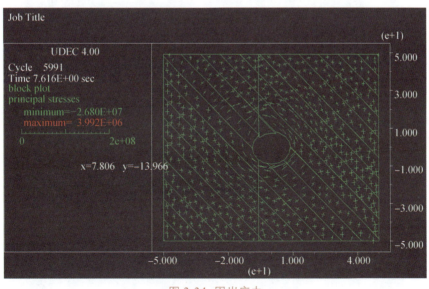

图 3-34　围岩应力

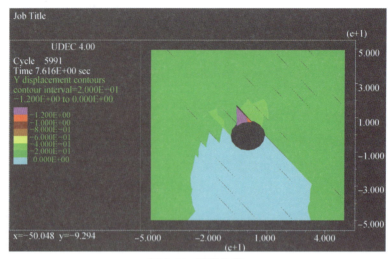

图 3-35　围岩位移

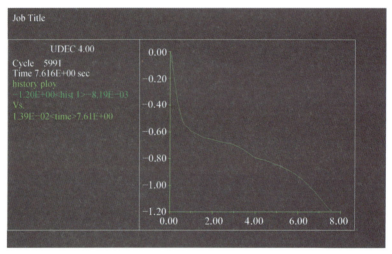

图 3-36　拱顶沉降曲线

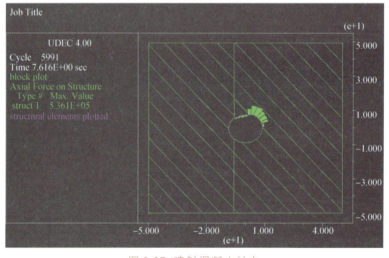

图 3-37　喷射混凝土轴力

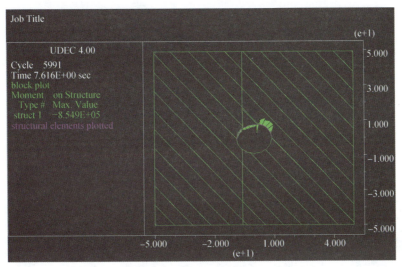

图 3-38　喷射混凝土弯矩

3. 求解开挖并施加喷射混凝土衬砌与锚杆联合支护

（1）"杀死"开挖内部围岩，施加喷射混凝土与锚杆支护单元。输入命令如下：

```
rest supp1.sav                           ; 读取文件 supp1.sav
reset time disp hist                     ; 重置计算步、位移、历史
hist ydisp 0, 5                          ; 设置拱顶位移监测点
delete range annulus （0,0） 0 9         ; 开挖内部围岩
struct gen xc 0 yc 0 npoin 18 mat 2 thick 0.1 fang 0 theta 180
                                         ; 在隧道上半部分施加梁单元,用以模拟喷射混凝土
struct change area 0.2 inertia 0.025     ; 设置喷射混凝土截面面积、惯性矩
prop mat 2 st_dens 2500 st_prat 0.15 st_ymod 21e9
                                         ; 设置喷射混凝土密度、泊松比、弹性模量、抗压强度、
                                           抗拉强度、残余强度
prop mat 2 st_ycomp 4e6 st_yield 2e6 st_yresid 1e6
prop mat 2 if_kn 1e9 if_ks 1e9 if_fric 45 if_ten 1e6 if_coh 1e6
                                         ; 设置喷射混凝土与围岩接触面参数
cable 1.7425 8.7655 5.4719 28.4148 20 3 0.001 3 connect
                                         ; 施加锚杆,并与梁单元连接
cable -1.7392 8.7409 -5.7469 28.3352 20 3 0.001 3 connect
cable -4.9449 7.4006 -16.0764 24.0165 20 3 0.001 3 connect
prop mat 3 cb_dens 7500 cb_ymod 100e9 &
    cb_yield 1e7 cb_ycomp 1e10          ; 赋予锚杆参数
prop mat 3 cb_kb 1e9 cb_sb 1e6          ; 锚杆注浆浆液参数
```

（2）求解及结果输出。

求解及结果输出命令如下。计算结果如图 3-39 ~ 3-44 所示。

step 9920	;求解（与 solve 命令类似，控制标准不同）
save supp3.sav	;保存计算结果
pl bl stress	;显示围岩应力
pl ydisp fill	;显示 Y 方向位移
pl hist 1	;显示记录点拱顶沉降曲线
pl bl struct axial fill struct lmag	;显示喷射混凝土轴力
pl bl struct moment fill struct lmag	;显示喷射混凝土弯矩
pl bl cable axial fill cable lmag	;显示锚杆轴力

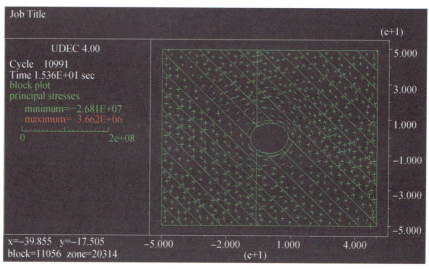

图 3-39 围岩应力

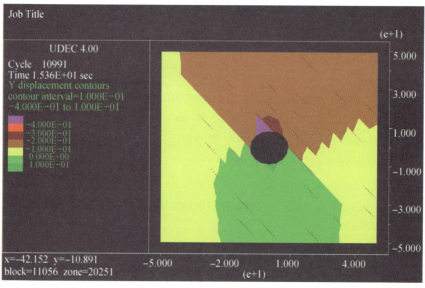

图 3-40 围岩位移

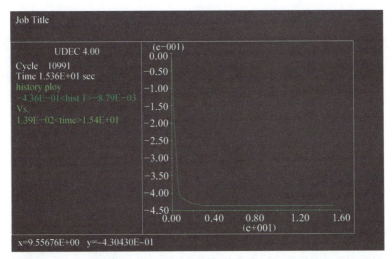

图 3-41　拱顶沉降曲线

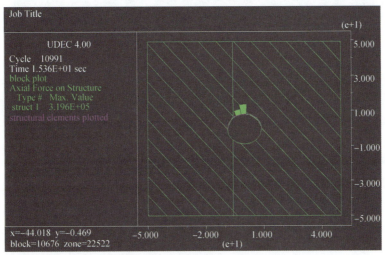

图 3-42　喷射混凝土轴力

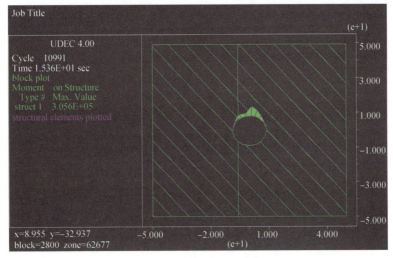

图 3-43　喷射混凝土弯矩

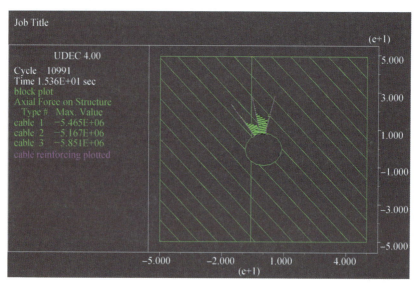

图 3-44 锚杆轴力

在第一种情况下，只有喷射混凝土单独支护，喷射混凝土被安置在隧道上半部，在开挖隧道之前，模型首先达到平衡状态，然后隧道块体被删除，设置衬砌并继续进行计算，隧道拱顶一点竖向位移被记录由图 3-36 的历史记录不难看出，拱顶位移先是逐渐趋于收敛，但后来突然急剧增大，显示出隧道顶部正在坍塌。

在第二种情况下，锚杆和喷射混凝土一起被设置在拱顶，且锚杆与衬砌连接，使得二者形成联合支护。由计算结果可以看出，顶部楔形体在移动大约 0.435 m 后位移趋于收敛。图 3-41 显示了拱顶沉降的历史记录。另外，通过对比两种工况的计算结果也不难看出，工况二的围岩应力、喷射混凝土轴力、喷射混凝土弯矩都比工况一小得多，充分体现锚杆提供的支护作用。

第 4 章　隧道结构动力学建模方法及应用实例

4.1　隧道爆破震动

4.1.1　工程概况

　　临县隧道位于山西省吕梁市兴县与临县境内，为黄土高原丘陵地貌，地貌起伏大。隧道长度为 10 632 m，最大开挖断面约为 124 m²，断面图如图 4-1 所示，断面面积统计如表 4-1 所示。该隧道设计为双线隧道，左、右线平行布置，间距为 4 m，隧道最大埋深为 195 m，最小埋深仅为 5.9 m。

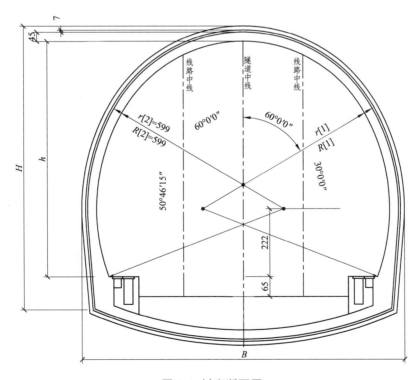

图 4-1　衬砌断面图

表 4-1 临县隧道净断面统计表

断面型号	开挖宽度、高度	断面面积 /m²
Ⅱ级围岩	10.6×9.3	84.0
Ⅲ级围岩	10.8×10.3	84.6
Ⅲ级围岩（水平成层）	10.8×10.2	85.7
Ⅳ级围岩	10.8×10.3	97.7
Ⅳ级岩加强	11.0×10.6	100.0
Ⅴ级围岩	11.1×10.8	101.7
Ⅴ级岩加强	11.3×11.0	102.4

1. 工程地质概况

隧道所处地区是吕梁山地向黄河峡谷的延伸部分，地势总体自东向西倾斜，海拔为 680 ~ 1 320 m，一般高差为 50 ~ 300 m。上部覆盖厚层黄土，由于长期水流侵蚀和切割作用，形成黄土丘陵地貌。

（1）地层岩性。

本隧道表覆第四系上更新统风积层（Q_3^{eol}），第四系中更新统洪积层（Q_2^{pl}），第三系上新统（N_2），下伏三叠系下统和尚沟组（T_1^h）。

（2）地质构造。

隧道区大地构造单元隶属华北地台的鄂尔多斯台向斜，据构造特征、地貌及地层分布情况，进一步划分为陕北拗陷。陕北拗陷东与山西台背斜吕梁山断隆接壤。控制沿线的构造形式主要为山西经向构造体系的黄河东岸 — 吕梁山西坡南北向挠褶带。沿线构造形迹多属微弱，构造简单，断裂构造不发育。隧道穿越三叠系地层，地层总体为单斜构造，向西及西南缓缓倾斜，产状 210° ~ 270° ∠ 0° ~ 15°。

2. 水文地质特征

（1）地表水。

调查区地表水系属黄河水系，地表水不发育，未见常年地表性径流。沟谷只有在雨季时才有较大的水流。

（2）地下水。

隧道区地下水主要为基岩裂隙水及第四系、第三系孔隙水。基岩裂隙水赋存于砂岩、泥质砂岩中，局部水量较丰富，雨季孔隙水多沿土石界涌出。该区地下水主要接受大气降水及河水补给，地下水水位、水量随季节性变化明显，雨季水量较大，旱季水量相对较小。

4.1.2 构建模型

模型的计算范围在水平方向左、右各取约 3 倍洞径，实际取 71 m；垂直向下边界高度取隧道高度的 2 倍左右，取为 22 m，垂直方向上边界按 7.5 m、11.5 m、32 m 取值，隧道纵向取 16 m。对于爆破进尺的研究，纵向取为 3 m，本次计算所用模型见图 4-2。

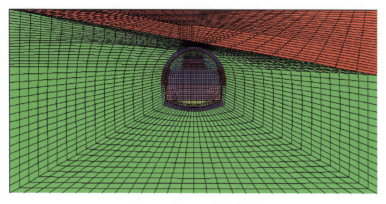

图 4-2　有限元计算模型

4.1.3　计算参数

计算选用的围岩物理力学参数如表 4-2 所示。

表 4-2　数值模拟所采用围岩物理力学指标

项目 围岩 级别	重度 γ /(kN/m³)	凝聚力 c /kPa	内摩擦角 φ /(°)	弹性模量 E /GPa	泊松比 μ
Ⅲ	25	600	35	5.0	0.30
Ⅴ	23	50	20	0.3	0.40

初期支护参数如表 4-3 所示。

表 4-3　初期支护参数

喷射混凝土		$\phi 8 \times \phi 8$ 钢筋网		锚　杆			型钢 I20a	
设置 部位	厚度 /cm	设置 部位	网格 间距 /cm	设置 部位	长度 /m	间距 /m	设置部位	间距 /m
拱墙 仰拱	25	拱墙 仰拱	20×20	拱墙	3.5	0.75×0.75 （环×纵）	拱墙 仰拱	0.75

二次衬砌计算参数如表 4-4 所示。

表 4-4　二次衬砌材料的物理力学指标

建筑 材料	指　标							
	γ /(kN/m³)	E_c /GPa	R_a /MPa	R_1 /MPa	计算 强度 /MPa	抗压设计 强度 /MPa	抗拉设计 强度 /MPa	μ
C35 钢筋混凝土	25	32	26	2.45	—	—		0.2
HRB335 钢筋	78.5	200	—	—	360	—	—	—
HPB235 钢筋	78.5	210	—	—	260	—	—	—
C25 喷射混凝土	22	23	≥ 15	1.3	—	12.5	1.3	—

4.1.4 爆破方案

针对隧道土石分界界面上部为老黄土和粉质黏土、下部为砂岩和泥岩互层的特点，本着弱爆破、少扰动、多降震的原则进行爆破方案设计。为了尽可能减轻爆破对围岩的扰动，维护围岩自身的稳定性，达到良好的轮廓成形，边墙采用轮廓线钻眼法爆破，核心采用控制爆破，掏槽采用抛掷爆破的综合控制爆破技术，并与三台阶分部开挖法相结合形成三台阶分部爆破。

在施工过程中根据土石分界面位置的不同，以及在现场进行了爆破试验，最终制定了三种不同的爆破方案，以期将爆破振动作用对围岩和土石界面的影响降到最小，地表安全允许振速控制在 1 cm/s 以内（见表 4.5）。

表 4-5 不同土石分界位置的爆破方案

爆破方案	土石分界位置	爆破设计	循环进尺
一	拱顶上方 1.6 m	三台阶光面爆破法施工，设置掏槽眼，先起爆中、下台阶，后起爆上台阶	0.75 m
二	上导	上台阶弱爆破，中、下台阶控制爆破，上台阶与中、下台阶分次爆破；土石分界面位于浅埋段，采用三台阶分部控制爆破法施工，上台阶与中、下台阶分次爆破，依次爆破下、中、上台阶，上台阶必要时分左、右两部分分别起爆，必要时适当预留核心土，尽量减小单孔装药量	不宜大于 0.6 m
三	中、下导法	分部弱爆破	0.6 m

1. 爆破段间隔时差

在软弱围岩中爆破，振动频率比较低，一般均在 100 Hz 以下，纵向、横向振动持续时间大时，可达到 200 ms 左右，垂直向可达到 100 ms 左右。为避免振动强度的叠加作用，雷管跳段使用，特别是第 1 ~ 5 段的低段雷管。为尽量避免振动波形的叠加，段间隔时差应考虑控制在 100 ms 左右。

2. 爆破参数

爆破所采用的炮眼间距、炮眼深度、单眼装药量等分别如表 4-6 所示。

表 4-6 爆破参数表

序号	项目		单位	参数	备注
1	炮眼间距	掏槽眼	m	0.4	
		周边眼	m	0.5	
		辅助眼	m	0.6 ~ 1.2	
		底板眼	m	0.9	

续表

序号	项目		单位	参数	备注
2	炮眼深度	掏槽眼	m	$L + 0.25$	L 为循环进尺
		周边眼	m	$L + 0.2$	
		辅助眼	m	$L + 0.1$	
		底板眼	m	$L + 0.2$	
3	单眼装药量	掏槽眼	g	$320 \sim 560$	
		周边眼	g	$80 \sim 160$	
		辅助眼	g	$160 \sim 400$	
		底板眼	g	$320 \sim 640$	
4	炮眼数目		个 /100 m²	$152 \sim 184$	
5	炮眼布置		—	先布置掏槽眼, 再布置周边边眼, 然后是底板眼、内圈眼、掘进眼	
6	装药结构		—	连续装药结构, 药卷均装至孔底	
7	起爆方法		—	将非电毫秒雷管的导爆管汇集到一起, 由电雷管集中引爆	

3. 炮眼分布图

图 4.3 ~ 4-5 为三种爆破方案的炮眼分布图, 装药结构如图 4-6 所示, 装药结构如图 4-7 所示, 图 4-8 ~ 4-10 为爆破网络图。

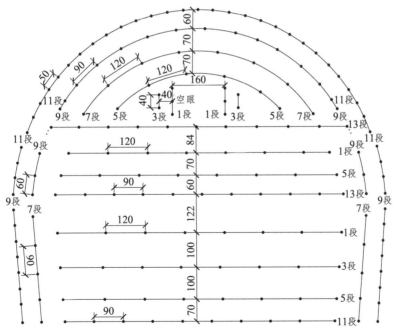

注: 图为土石分界位于开挖断面外, 先起爆中、下台阶, 后起爆上台阶,
边眼间距50 cm, 内圈眼60~90 cm, 底眼间距90 cm, 掘进眼间距120 cm。

图 4-3 爆破方案一炮眼布置图

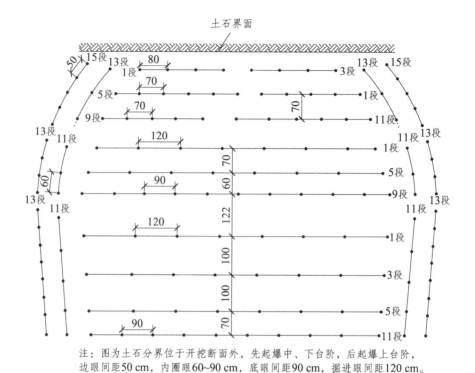

注：图为土石分界位于开挖断面外，先起爆中、下台阶，后起爆上台阶，边眼间距50 cm，内圈眼60~90 cm，底眼间距90 cm，掘进眼间距120 cm。

图 4-4 爆破方案二炮眼布置图

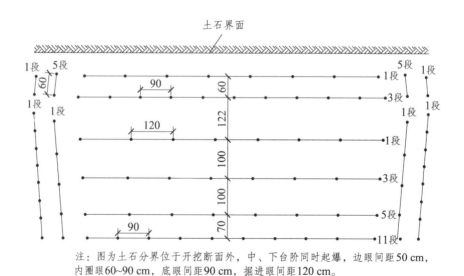

注：图为土石分界位于开挖断面外，中、下台阶同时起爆，边眼间距50 cm，内圈眼60~90 cm，底眼间距90 cm，掘进眼间距120 cm。

图 4-5 爆破方案三炮眼布置图

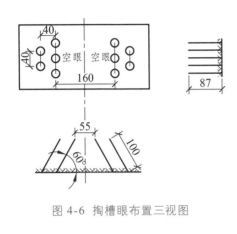

图 4-6　掏槽眼布置三视图

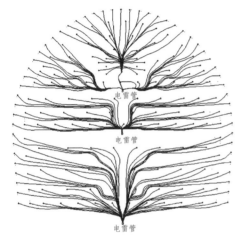

图 4-8　爆破方案一爆破网络图

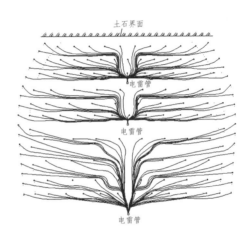

图 4-9　爆破方案二爆破网络图

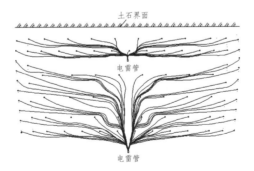

图 4-10　爆破方案三爆破网络图

4. 炮眼药量分配

　　表 4-7 ~ 4-9 分别为土石分界位于拱顶上方 1.6 m, 循环进尺 0.75 m、土石分界面在上导或浅埋段, 循环进尺 0.6 m、土石分界位于中、下台阶, 循环进尺选择 0.6 m 的炮眼药量分配情况。

表 4-7 爆破方案一炮眼药量分配表

序号	炮眼部位	炮眼分类	炮眼数/个	雷管段数/段	炮眼深度/cm	炮眼装药量		
						每孔药卷数/（卷/孔）	单孔装药量/（kg/孔）	合计药量/kg
1	上台阶	掏槽眼	4	1	100	2	0.32	1.28
2			4	3		2	0.32	1.28
3		辅助眼	6	5	85	1	0.16	0.96
4			8	7		1	0.16	1.28
5		内圈眼	15	9		1	0.16	2.4
7		周边眼	29	11	95	0.5	0.08	2.32
8		底板眼	11	13		2	0.32	3.52
9	中台阶	辅助眼	8	1	85	2	0.32	2.56
10			8	5		2	0.32	2.56
11		内圈眼	6	9		1	0.16	0.96
12		周边眼	8	11	95	0.5	0.08	0.64
13		底板眼	11	13		3	0.48	5.28
14	下台阶	辅助眼	8	1	85	2.5	0.4	3.2
15			8	3		2.5	0.4	3.2
16			8	5		2.5	0.4	3.2
18		内圈眼	10	7		1	0.16	1.6
19		周边眼	16	9	95	0.5	0.08	1.28
20		底板眼	10	11		3	0.48	4.8

表 4-8 爆破方案二炮眼药量分配表

序号	炮眼部位	炮眼分类	炮眼数/个	雷管段数/段	炮眼深度/cm	炮眼装药量		
						每孔药卷数/（卷/孔）	单孔装药量/（kg/孔）	合计药量/kg
1	上台阶	辅助眼	4	1	70	1	0.16	0.64
2			4	3		1	0.16	0.64
3			6	5		1	0.16	0.96
4			5	7		1	0.16	0.8
5			5	9		1.5	0.24	1.2
6			6	11		1.5	0.24	1.44
7		内圈眼	6	13		1	0.16	0.96
8		周边眼	10	15	80	0.5	0.08	0.8

续表

序号	炮眼部位	炮眼分类	炮眼数/个	雷管段数/段	炮眼深度/cm	炮眼装药量		
						每孔药卷数/（卷/孔）	单孔装药量/（kg/孔）	合计药量/kg
9	中台阶	辅助眼	8	1	70	1.5	0.24	1.92
10			8	5		1.5	0.24	1.92
11		内圈眼	6	9		1	0.16	0.96
12		周边眼	8	11	80	0.5	0.08	0.64
13		底板眼	11	13		2	0.32	3.52
14	下台阶	辅助眼	8	1	70	2	0.32	2.56
15			8	3		2	0.32	2.56
16			8	5		2	0.32	2.56
17		内圈眼	10	7		1	0.16	1.6
18		周边眼	16	9	80	0.5	0.08	1.28
19		底板眼	10	11		3	0.48	4.8

表 4-9 爆破方案三炮眼药量分配表

序号	炮眼部位	炮眼分类	炮眼数/个	雷管段数/段	炮眼深度/cm	炮眼装药量		
						每孔药卷数/（卷/孔）	单孔装药量/（kg/孔）	合计药量/kg
1	中台阶	辅助眼	8	1	110	2	0.32	2.56
2			11	3		2	0.32	3.52
3		内圈眼	4	5		2	0.32	1.28
4		周边眼	4	7	120	1	0.16	0.64
5	下台阶	辅助眼	8	1	110	2.5	0.4	3.2
6			8	3		2.5	0.4	3.2
7			8	5		2.5	0.4	3.2
8		内圈眼	10	7		2	0.32	3.2
9		周边眼	16	9	120	1	0.16	2.56
10		底板眼	10	11		4	0.64	6.4

4.1.5 爆破荷载的确定

1. 爆破荷载的数值模拟

采用 FLAC 3D 对隧道爆破的过程进行模拟时需要确定爆破产生的动力荷载的大小和加载位置。

目前，国内外在数值模拟时通常采用两种方法进行爆破荷载的处理：第一种方法是使用有限元软件 ANSYS-LS-DYNA 模块中自带的高能炸药材料（*MAT_HIGH_EXPLOSIVE_BURN）及炸药状态方程来模拟炸药的整个轰炸过程及爆炸产物与周围岩石介质的相互作用；第二种方法是在炮孔壁上直接施加半理论半经验的爆破振动荷载压力曲线（如三角形脉冲荷载或指数衰减型荷载等），该荷载曲线可结合爆轰波理论和暴强膨胀理论计算得到，或者根据工程经验议定。

我国研究爆破对周围围岩介质或者周围建筑物的影响主要采用半经验半理论的三角形脉冲荷载，如图 4-11 所示。

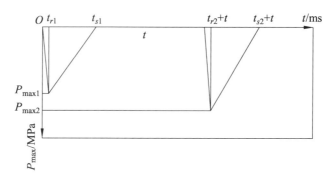

图 4-11　三角形脉冲荷载

三角形脉冲波是一种单脉冲波，从形态上看比爆破地震波简单得多。它的波形只能体现一个简单的加载过程和卸载过程，但实际上，爆破地震波是一种具有周期性的、多个加载和卸载过程相续的弹性波，而且加载的时间和卸载的时间大体是相等的。

在图 4-10 中，采用三角波确定的振动荷载形式还需要确定爆破荷载峰值和爆破荷载升压时间与降压时间。

2. 爆破荷载峰值

单孔爆破荷载的三角形荷载将作用在结构上的爆破荷载简化为上升段和下降段的三角形荷载。

其中，上升段的时间 t_r 为

$$t_r = 12\sqrt{r^{2-\mu}}Q^{0.05}/K \tag{4-1}$$

总作用时间 t_s 为

$$t_s = 84\sqrt[3]{r^{2-\mu}}Q^{0.2}/K \tag{4-2}$$

式中　K——岩体的体积压缩模量，10^5 **Pa**；

　　　μ——岩体的泊松比；

　　　Q——段炮眼装药量，kg；

　　　r——对比距离。

对现有众多爆破荷载峰值公式进行统计分析,得到的爆破荷载的应力峰值 P_{max} 的求解公式为

$$P_{max} = \frac{139.97}{Z} + \frac{844.81}{Z^2} + \frac{2\,154}{Z^3} - 0.803\,4 \tag{4-3}$$

$$Z = \frac{R}{\sqrt[3]{Q}} \tag{4-4}$$

式中　Z—— 比例距离;

　　　R—— 炮眼至荷载作用面的距离。

3. 爆破荷载的加载方式

本次计算采用根据相似等效改善后的三角形脉冲荷载形式进行加载,不再以单个炮孔为考虑对象,而是以整个掏槽眼或者其他炮眼段爆破为对象,直接将爆破所产生的振动荷载以动压力的形式将荷载均匀作用在隧道的开挖边界上,方向垂直于边界面。

将爆破产生的三角形脉冲荷载进行离散化处理,分别读取每个计算步长的冲击荷载值进行加载,荷载计算步长取为 0.2 ms。

4.1.6　计算结果分析

临县隧道掏槽眼的单孔装药量的范围为 0.32 ~ 0.56 kg,本次研究中取单孔装药量 $Q =$ 0.4 kg 进行计算。

单孔装药量为 0.40 kg 时,各爆破段的爆破荷载如表 4-10 所示,最大爆破荷载如图 4-12 所示。

表 4-10　各段爆破冲击荷载参数

段数		爆破冲击荷载峰值 P_{max}/Pa	上升段时间 t_r/ms		总作用时间 t_s/ms	
			计算值	取值	计算值	取值
上台阶	1	－ 1 239 281.306	12.35	12	95.57	92
	3	－ 1 239 281.306	12.35	12	95.57	92
中台阶	1	－ 931 551.255 7	11.72	12	106.00	102
	5	－ 872 885.452 9	11.72	12	106.00	102
下台阶	1	－ 820 058.673 6	11.72	12	106.00	102
	3	－ 845 792.856 5	11.72	12	106.00	102
	5	－ 872 885.452 9	11.72	12	106.00	102

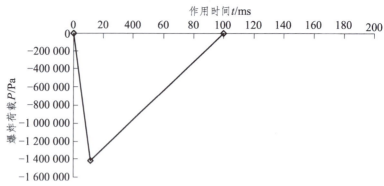

图 4-12 爆破荷载图

1. 应力分析

爆破荷载施加后,隧道初期支护和距初期支护外侧不同距离的围岩各测点的最大主应力值以及随测点的变化图分别如表 4-11 和图 4-13 所示;最小主应力值及随测点的变化图分别如表 4-12 和图 4-14 所示。

表 4-11 初期支护及围岩的最大主应力

监测点序号	部位	初期支护	距初支 0.6 m	距初支 1.6 m	距初支 2.6 m
1	拱顶	0.100	0.539	0.428	− 0.022
2	左拱肩	0.062	0.485	− 0.052	− 0.023
3	左拱腰	0.743	0.540	0.178	− 0.020
4	左拱脚	0.003	− 0.015	− 0.073	− 0.081
5	左墙角	0.003	− 0.015	− 0.073	− 0.081
6	仰拱	0.000	− 0.018	− 0.125	− 0.187
7	右墙角	− 0.072	− 0.075	− 0.134	− 0.146
8	右拱脚	0.003	0.009	− 0.111	− 0.111
9	右拱腰	0.744	0.564	0.267	0.079
10	右拱肩	0.083	0.457	− 0.058	− 0.058

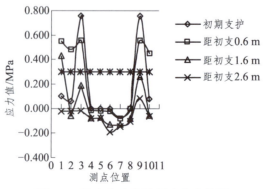

图 4-13 最大主应力随测点的变化图

表 4-12　初期支护及围岩的最小主应力

监测点序号	部位	初期支护	距初支 0.6 m	距初支 1.6 m	距初支 2.6 m
1	拱顶	− 1.936	− 0.826	− 0.548	− 0.243
2	左拱肩	− 2.508	− 0.900	− 0.391	− 0.291
3	左拱腰	− 1.016	− 0.587	− 0.414	− 0.313
4	左拱脚	− 0.843	− 0.683	− 0.583	− 0.464
5	左墙角	− 0.843	− 0.683	− 0.583	− 0.464
6	仰拱	− 0.663	− 0.653	− 0.637	− 0.637
7	右墙角	− 1.161	− 0.779	− 0.610	− 0.577
8	右拱脚	− 0.875	− 0.689	− 0.424	− 0.424
9	右拱腰	− 0.904	− 0.541	− 0.388	− 0.337
10	右拱肩	− 2.236	− 0.908	− 0.258	− 0.258

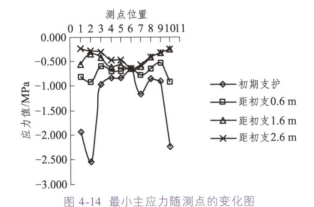

图 4-14　最小主应力随测点的变化图

通过以上分析可以看出，初期支护的最大拉应力出现在左、右拱腰上，约为 0.74 MPa。围岩在拱腰及以上区域发生破坏，距初支 0.6 m 处的最大拉应力出现在拱顶，约为 0.54 MPa；距初支 1.6 m 处的最大拉应力出现在拱顶，约为 0.43 MPa，均大于Ⅲ级围岩的极限拉应力。

2. 破坏范围分析

爆破荷载施加后，隧道断面产生的塑性区如图 4-15 所示，隧道断面产生的受拉破坏范围如图 4-16 所示。

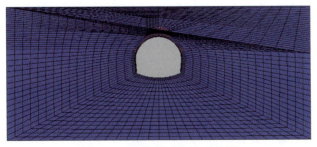

图 4-15　隧道断面塑性区范围

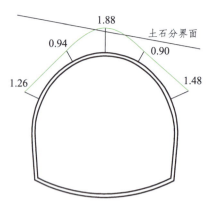

图 4-16　隧道断面受拉破坏范围（m）

当装药量为 0.40 kg 时，隧道断面的塑性区以及受拉破坏的范围均增大，塑性区的最大深度为 2.0 m，分布在拱顶 60° 范围内；受拉破坏的最大深度为 1.88 m，分布在拱顶 140° 的范围内。

4.2　隧道列车振动

4.2.1　动载作用的理论分析

铁路机车车辆产生的振动或多或少是随机性的。但是，英国铁路技术中心多年来从事的大量理论研究和实验工作，其所得结论和数据使得用数定法来模拟列车荷载成为可能。

实验表明，产生竖向轮 - 轨力的主要原因是：

（1）轨道接头和焊接使钢轨走行而发生局部不平顺；

（2）轨枕的间隔排列或轨面波纹导致周期性的不平顺；

（3）纵断面内的随机变化；

（4）周面局部擦伤和偏心轮重；

（5）轨枕支承面刚实程度不同所引起的随机变化。

实验还表明，竖向轮 - 轨力主要出现在三个频率范围内：① 低频范围（0.5 ~ 5 Hz），几乎完全由车体对悬吊部分的相对运动所产生；② 中频范围（30 ~ 69 Hz），由簧下轮组质量对钢轨的回弹作用而产生；③ 高频范围（200 ~ 400 Hz），由钢轨的运动受到轮轨接触的抵抗所产生。

根据现有的结论和数据，可以用一个激振力函数来模拟列车动荷载，其中包括静荷载和由一系列正弦函数迭加而成的动荷载：

$$F_t = A_0 + A_1 \sin \omega_1 t + A_2 \sin \omega_2 t + A_3 \sin \omega_3 t \tag{4-5}$$

式中　A_0——轮静荷载；

A_1, A_2, A_3——与钢轨振动圆平率 ω_1、ω_2、ω_3 对应的振动荷载峰值。

令列车的簧下质量为 m，则相应的振动荷载幅值为

$$A_i = m \cdot \alpha_i \omega_i^2 \, (i = 1, 2, 3) \tag{4-6}$$

式中　α_i —— 对应于表 4-13 中三种条件的典型矢高;

　　ω_i —— 不平顺控制条件下的振动圆频率,计算式为: $\omega_i = 2\pi v/L_i$,波长的选取按表 4-13 进行选取。

表 4-13　轨道几何不平顺管理值

控制条件	波长 /m	正矢 /mm
按行车平顺性	50.0	16.0
	20.0	9.0
	10.0	5.0
作用到线路上的动力附加荷载	5.0	2.5
	2.0	0.6
	1.0	0.3
波形磨耗	0.5	0.1
	0.05	0.005

结合工程资料,可以确定人工数定激振力如图 4-17 所示。

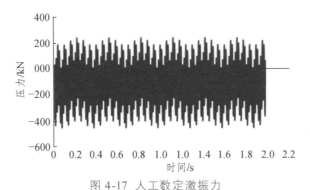

图 4-17　人工数定激振力

荷载计算步长取为 0.002 s,分别读取人工数定激振力各个时刻的荷载大小值,将其以点力的形式加载在钢轨上。

4.2.2　计算模型

本次研究的模型如图 4-18 所示。

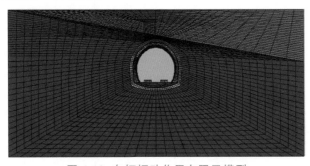

图 4-18　车辆振动作用有限元模型

二次衬砌的材料参数如表 4-14 所示。

表 4-14　二次衬砌材料参数

位置	材　料	
	混凝土	钢筋
拱墙	C35	HRB335
底板（仰拱）	C35	HRB335
仰拱填充	C20	—

隧道采用 60 kg/m 钢轨（重车方向预留 75 kg/m 钢轨条件），区间为无缝线路。采用双块式无砟轨道，轨道结构高度为 0.557 m。

4.2.3　计算结果分析

土石分界面距拱顶 1.6 m 时，图 4-19、图 4-20 为列车分别从左线和右线经过时断面产生的位移云图。

图 4-19　列车从左线经过　　　　图 4-20　列车从右线经过

从位移云图中可以看出，由于土石分界面的存在，导致列车经过左线和右线对结构和围岩位移的影响范围不同，软弱土层多的一边产生的影响范围比较大，但列车过时产生的最大位移均为 0.24 mm。

列车分别从左线和右线经过对初期支护和二次衬砌产生的最大主应力和最小主应力分别如表 4-15 和表 4-16 所示，对应的时程图如图 4-21 ～ 4-24 所示。

表 4-15　列车分别从左右线经过初支和二衬最大主应力

序号	测点位置	列车从左线经过			列车从右线经过		
		初期支护主应力 /MPa	二次衬砌主应力 /MPa	围岩主应力 /MPa	初期支护主应力 /MPa	二次衬砌主应力 /MPa	围岩主应力 /MPa
1	拱顶	0.124	0.080	− 0.028	0.124	0.081	− 0.028
2	左拱肩	0.101	− 0.043	− 0.029	0.100	− 0.044	− 0.029
3	左拱腰	− 0.011	0.029	− 0.130	− 0.014	− 0.074	− 0.130
4	左拱脚	0.013	0.089	− 0.143	0.007	0.089	− 0.143
5	左墙角	0.013	0.209	− 0.143	0.007	0.213	− 0.143
6	仰拱	0.217	0.078	− 0.034	0.216	0.079	− 0.034
7	右墙角	− 0.257	0.164	− 0.172	0.080	0.160	− 0.034
8	右拱脚	0.006	0.107	− 0.108	0.012	0.107	− 0.108
9	右拱腰	− 0.012	0.059	− 0.132	− 0.009	0.058	− 0.132
10	右拱肩	0.080	− 0.004	− 0.034	0.080	− 0.004	− 0.034

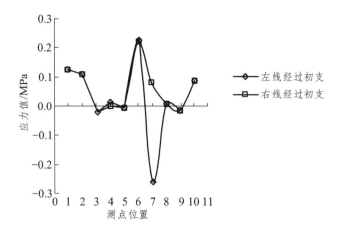

图 4-21　列车分别从左线和右线经过时初支最大主应力对比

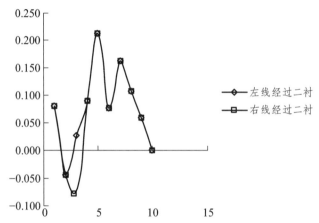

图 4-22　列车分别从左线和右线经过时二衬最大主应力对比

表 4-16　列车分别从左右线经过初支和二衬最小主应力

序号	测点位置	列车从左线经过			列车从右线经过		
		初期支护主应力 /MPa	二次衬砌主应力 /MPa	围岩主应力 /MPa	初期支护主应力 /MPa	二次衬砌主应力 /MPa	围岩主应力 /MPa
1	拱顶	− 0.413	− 0.716	− 0.113	− 0.413	− 0.717	− 0.113
2	左拱肩	− 0.444	− 1.019	− 0.178	− 0.444	− 1.034	− 0.178
3	左拱腰	− 0.635	− 1.126	− 0.453	− 0.632	− 1.026	− 0.453
4	左拱脚	− 0.708	− 0.673	− 0.598	− 0.696	− 0.671	− 0.598
5	左墙角	− 0.708	− 0.188	− 0.598	− 0.696	− 0.192	− 0.598
6	仰拱	− 0.236	− 0.072	− 0.162	− 0.218	− 0.073	− 0.162
7	右墙角	− 0.865	− 0.257	− 0.698	− 0.463	− 0.246	− 0.168
8	右拱脚	− 0.701	− 0.496	− 0.601	− 0.714	− 0.501	− 0.601
9	右拱腰	− 0.629	− 0.795	− 0.439	− 0.632	− 0.791	− 0.439
10	右拱肩	− 0.463	− 0.831	− 0.172	− 0.463	− 0.742	− 0.172

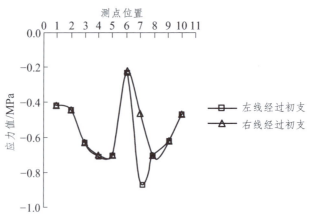

图 4-23 列车分别从左线和右线经过时初支最小主应力对比

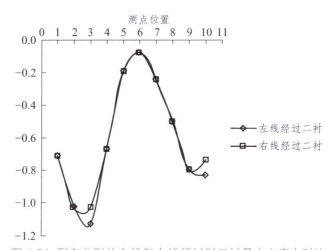

图 4-24 列车分别从左线和右线经过时二衬最小主应力对比

通过以上分析可以看出：当土石分界面位于隧道拱顶外，列车分别从左线和右线经过时，初期支护和二次衬砌各测点的主应力基本相同，仅在右墙角和左拱肩部位略有不同。

初期支护产生的最大拉应力位于仰拱部位，二次衬砌最大拉应力位于墙角，大小均为 0.22 MPa，远小于混凝土的抗拉设计值。

洞周围岩均承受压应力，即列车经过对洞周围岩几乎无影响。

4.3 隧道抗震

4.3.1 工程概况

震害调查资料分析表明：引起隧道洞外结构破坏的主要原因是地震惯性力和强制位移作用，而隧道洞口所处位置、地形、地质条件等也是隧道洞外结构产生震害的原因。为了分析隧道洞外结构的震害机理，本次考虑地形和地质条件进行了三维数值分析，计算工况见表 4-17，其中硬岩为Ⅱ级围岩，软岩为Ⅴ级围岩。

表 4-17　计算参数

计算模型	尺寸（长 × 高 × 厚）	坡度	基频
1 : 2（表层岩体为软岩）	200 m×110 m×40 m	26.56°	约 6 Hz

4.3.2　构建模型

建模步骤如下：

```
/prep7
NUMSTR,KP,1
NUMSTR,LINE,1
NUMSTR,AREA,1
NUMSTR,VOLU,1
CSYS,0
k,1,.000,-30.000,.000,
k,2,.000,-60.000,.000,
l,1,2
k,3,.000,.000,.000,
k,4,-100.000,.000,.000,
l,3,4
k,5,-100.000,-30.000,.000,
l,4,5
k,6,-100.000,-60.000,.000,
l,5,6
l,6,2
l,1,5
k,7,150.000,-60.000,.000,
l,2,7
k,8,150.000,20.000,.000,
l,7,8
l,8,1
k,9,150.000,50.000,.000,
l,8,9
l,3,1
l,3,9
NUMMRG,ALL,,,,LOW
NUMCMP,ALL
lsel,s,line,,2,5,1,0
lsel,a,line,,10,12,2,0
```

```
lsel,a,line,,7,8,1,0
AL,all
allsel,all
ASBL,1,all
NUMMRG,ALL,,,,LOW
NUMCMP,ALL
！********定义单元类型******级围岩
ET,1,PLANE42
ET,2,solid45
！******定义材料模型*******
Type,1
Mat,1
MSHKEY,2
MSHAPE,0,2D
lsel,s,line,,2,6,4,0  ！上正方
lesize,all,,,20
lsel,s,line,,3
lesize,all,,,6
amesh,3
allsel
lsel,s,line,,4
lesize,all,,,6
amesh,1
allsel
lsel,s,line,,12
lesize,all,,,30
amesh,4
allsel
lsel,s,line,,7
lesize,all,,,32
lsel,s,line,,8
lesize,all,,,8
amesh,2
allsel
nummrg,all,,,,low  ！合并
numcap,all        ！压缩
k,101,0,0,0
k,102,0,0,2
```

```
k,103,2,0,2
l,101,102
MP,EX,1,1e9
MP,PRXY,1,0.4
MP,DENS,1,1800
MP,EX,2,2e9
MP,PRXY,2,0.4
MP,DENS,2,1800
type,2  ！拉伸
EXTOPT,ESIZE,2,0, ！软土
EXTOPT,ACLEAR,1
mat,1
asel,s,area,,3
VDRAG,all,,,,,,13
allsel
type,2  ！拉伸
EXTOPT,ESIZE,2,0, ！软土
EXTOPT,ACLEAR,1
mat,2
asel,s,area,,4
VDRAG,all,,,,,,13
allsel
type,2
EXTOPT,ESIZE,2,0, ！基岩
EXTOPT,ACLEAR,1
mat,3
asel,s,area,,1
VDRAG,all,,,,,,13
allsel
type,2
EXTOPT,ESIZE,2,0, ！基岩
EXTOPT,ACLEAR,1
mat,4
asel,s,area,,2
VDRAG,all,,,,,,13
allsel
CSKP,14,0,102,103,101,1,1,
DSYS,14,
```

```
lsel,s,line,,13
ldele,all
nummrg,all,,,,low  ！合并
numcap,all      ！压缩
```

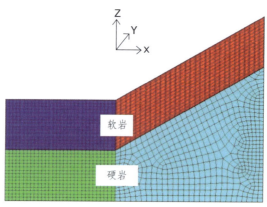

图 4-25 隧道模型

4.3.3 计算结果分析

首先施加自重应力场,命令输入如下:

```
ef moduli_data
s_mod = y_mod/(2.0*(1.0 + p_ratio))
    b_mod = y_mod/(3.0*(1.0-2.0*p_ratio))
end
set y_mod 1.6e12
set p_ratio 0.2
moduli_data
mo el
prop bulk b_mod shear s_mod
fix x range x  -100.1 -99.9
fix x range x  149.9  150.1
fix z range z  -60.1 -59.9
fix y range y  -0.1 0.1
fix y range y  1.9 2.1
ini density 2000
set gravity 0 0 -9.8
set large
; apply szz -0.045e6 range z 11.9 12.1
; 释放 0
solve
```

```
save 地震地应力 .sav
加载地震荷载
;围岩（5 级）
def moduli_data11
s_mod = y_mod/（2.0*（1.0 + p_ratio））
   b_mod = y_mod/（3.0*（1.0-2.0*p_ratio））
end
set y_mod 1e9
set p_ratio 0.45
moduli_data11
;围岩（2 级）
def moduli_data111
s_mod1 = y_mod1/（2.0*（1.0 + p_ratio1））
   b_mod1 = y_mod1/（3.0*（1.0-2.0*p_ratio1））
end
set y_mod1 3.3e10
set p_ratio1 0.2
moduli_data111
mo mohr
prop bulk b_mod1 shear s_mod1 fric 60 coh 2.1e6 ten 2.1e6 range group 3 any  group
4 any ; 5 级
   prop bulk b_mod shear s_mod fric 20 coh 5e4 ten 5e4 range group 1 any  group 2 any
; 2 级
   con dyn
   set large    ;打开大变形
   set dyn on   ;打开动力计算开关
   set dyn multi on
   ini xvel = 0 yvel = 0 zvel = 0
   ini xdisp = 0 ydisp = 0 zdisp = 0
   free  x y z range z -60.1 -59.9
   apply nquiet squiet dquiet range z -60.1 -59.9
   apply ff
   table 1 read xac0.1.txt
   apply xacc 1.0 hist table 1 range z -60.1 -59.9
   table 2 read yac0.1.txt
   apply yacc 1.0 hist table 2 range z -60.1 -59.9
   table 3 read zac0.1.txt
   apply yacc 1.0 hist table 3 range z -60.1 -59.9
```

```
set dyn damp ray 0.05 6
hist n = 2000  ; 每迭代计算 2 000 次记录一次相关的值
hist reset
hist dytime              ; hist 1    平地竖向
hist gp xacc  -75  1  0     ; hist 2
hist gp xacc  -75  1  -6    ; hist 3
hist gp xacc  -75  1  -12   ; hist 4
hist gp xacc  -75  1  -18   ; hist 5
hist gp xacc  -75  1  -24   ; hist 6
    ⋮
hist gp xacc  -25  1  -30   ; hist 19
hist gp xacc  30  1  10     ; hist 20    坡体竖向
hist gp xacc  30  1  4      ; hist 21
    ⋮
hist gp xacc  120  1  10    ; hist 43
hist gp xacc  0  1  0       ; hist 44 交接面加检测点
hist gp xacc  0  1  -6      ; hist 45
hist gp xacc  0  1  -12     ; hist 46
hist gp xacc  0  1  -18     ; hist 47
hist gp xacc  0  1  -24     ; hist 48
hist gp xacc  0  1  -30     ; hist 49
hist gp xacc  15  1  0      ; hist 50  斜面水平向加检测点
hist gp xacc  30  1  0      ; hist 51
hist gp xacc  45  1  0      ; hist 52
hist gp xacc  60  1  0      ; hist 53
hist gp xacc  75  1  0      ; hist 54
hist gp xacc  90  1  0      ; hist 55    交接
hist gp xacc  105  1  0     ; hist 56
hist gp xacc  120  1  0     ; hist 57
hist gp xacc  135  1  0     ; hist 58
hist gp xacc  15  1  5      ; hist 59    坡面水平
hist gp xacc  30  1  5      ; hist 60
hist gp xacc  45  1  5      ; hist 61
hist gp xacc  60  1  5      ; hist 62
hist gp xacc  75  1  5      ; hist 63
hist gp xacc  90  1  5      ; hist 64
hist gp xacc  105  1  5     ; hist 65 交接
hist gp xacc  120  1  5     ; hist 66
```

```
hist gp xacc  135  1  5       ; hist 67
hist gp xacc  30  1  10       ; hist 68
hist gp xacc  45  1  10       ; hist 69
hist gp xacc  60  1  10       ; hist 70
hist gp xacc  75  1  10       ; hist 71
hist gp xacc  90  1  10       ; hist 72
hist gp xacc  105  1  10      ; hist 73
hist gp xacc  120  1  10      ; hist 74   交接
   ⋮
hist gp xacc  150  1  20      ; hist 89
hist gp xacc  75  1  25       ; hist 90   加坡面点
hist gp xacc  90  1  30       ; hist 91
   ⋮
hist gp yacc  -25  1  -30     ; hist 112
hist gp yacc  30  1  10       ; hist 113   坡体竖向
hist gp yacc  30  1  4        ; hist 114
   ⋮
hist gp yacc  120  1  10      ; hist 136
hist gp yacc  0  1  0         ; hist 137 交接面加检测点
hist gp yacc  0  1  -6        ; hist 138
hist gp yacc  0  1  -12       ; hist 139
hist gp yacc  0  1  -18       ; hist 140
hist gp yacc  0  1  -24       ; hist 141
hist gp yacc  0  1  -30       ; hist 142
hist gp yacc  15  1  0        ; hist 143   斜面水平向加检测点
hist gp yacc  30  1  0        ; hist 144
hist gp yacc  45  1  0        ; hist 145
hist gp yacc  60  1  0        ; hist 146
hist gp yacc  75  1  0        ; hist 147
hist gp yacc  90  1  0        ; hist 148   交接
hist gp yacc  105  1  0       ; hist 149
hist gp yacc  120  1  0       ; hist 150
hist gp yacc  135  1  0       ; hist 151
hist gp yacc  15  1  5        ; hist 152   坡面水平
hist gp yacc  30  1  5        ; hist 153
hist gp yacc  45  1  5        ; hist 154
hist gp yacc  60  1  5        ; hist 155
hist gp yacc  75  1  5        ; hist 156
```

```
hist gp yacc  90   1  5      ; hist 157
hist gp yacc  105  1  5      ; hist 158  交接
hist gp yacc  120  1  5      ; hist 159
hist gp yacc  135  1  5      ; hist 160
hist gp yacc  30   1  10     ; hist 161
hist gp yacc  45   1  10     ; hist 162
hist gp yacc  60   1  10     ; hist 163
hist gp yacc  75   1  10     ; hist 164
hist gp yacc  90   1  10     ; hist 165
hist gp yacc  105  1  10     ; hist 166
hist gp yacc  120  1  10     ; hist 167  交接
hist gp yacc  135  1  10     ; hist 168
      ⋮
hist gp yacc  150  1  20     ; hist 182
hist gp yacc  75   1  25     ; hist 183  加坡面点
hist gp yacc  90   1  30     ; hist 184
      ⋮
hist gp zacc  -25  1  -30    ; hist 205
hist gp zacc  30   1  10     ; hist 206   坡体竖向
hist gp zacc  30   1  4      ; hist 207
      ⋮
hist gp zacc  120  1  10     ; hist 229
hist gp zacc  0    1  0      ; hist 230  交接面加检测点
hist gp zacc  0    1  -6     ; hist 231
hist gp zacc  0    1  -12    ; hist 232
hist gp zacc  0    1  -18    ; hist 233
hist gp zacc  0    1  -24    ; hist 234
hist gp zacc  0    1  -30    ; hist 235
hist gp zacc  15   1  0      ; hist 236  斜面水平向加检测点
hist gp zacc  30   1  0      ; hist 237
hist gp zacc  45   1  0      ; hist 238
hist gp zacc  60   1  0      ; hist 239
hist gp zacc  75   1  0      ; hist 240
hist gp zacc  90   1  0      ; hist 241   交接
hist gp zacc  105  1  0      ; hist 242
hist gp zacc  120  1  0      ; hist 243
hist gp zacc  135  1  0      ; hist 244
```

```
hist gp zacc  15  1  5      ; hist 245   坡面水平
hist gp zacc  30  1  5      ; hist 246
hist gp zacc  45  1  5      ; hist 247
hist gp zacc  60  1  5      ; hist 248
hist gp zacc  75  1  5      ; hist 249
hist gp zacc  90  1  5      ; hist 250
hist gp zacc  105  1  5      ; hist 251   交接
hist gp zacc  120  1  5      ; hist 252
hist gp zacc  135  1  5      ; hist 253
hist gp zacc  30  1  10      ; hist 254
hist gp zacc  45  1  10      ; hist 255
hist gp zacc  60  1  10      ; hist 256
hist gp zacc  75  1  10      ; hist 257
hist gp zacc  90  1  10      ; hist 258
hist gp zacc  105  1  10      ; hist 259
hist gp zacc  120  1  10      ; hist 260   交接
hist gp zacc  135  1  10      ; hist 261
    ⋮
hist gp zacc  150  1  20      ; hist 275
hist gp zacc  75  1  25      ; hist 276   加坡面点
hist gp zacc  90  1  30      ; hist 277
hist gp zacc  105  1  35      ; hist 278
hist gp zacc  120  1  40      ; hist 279
hist gp zacc  135  1  45      ; hist 280
sol age 2.00
save 2- 地震完成 .sav

sol age 4.00
save 4- 地震完成 .sav
sol age 6.00
save 6- 地震完成 .sav
sol age 8.00
save 8- 地震完成 .sav
sol age 10.00
save 10- 地震完成 .sav
sol age 12.76
save 底面地震完成 .sav
```

计算本构模型和屈服准则分别采用理想弹塑性本构模型和 Mohr-Coulomb 强度准则，边界采用自由场边界。计算采用的阻尼为 Rayleigh 阻尼，体系的基频 $\omega_{\min}$ 约为 5 Hz（A-1）和 6 Hz（A-2），临界阻尼比 $\xi_{\min}$ 根据经验取为 0.05。

计算选用的是 1967 年 12 月 11 日在印度 Koyna（柯依那坝）发生的里氏 6.5 级地震波。地震波加速度时程时间间隔 0.01 s，持时 12.76 s。为了研究山地坡面点位移，选取测点，布置如图 4-26 所示。

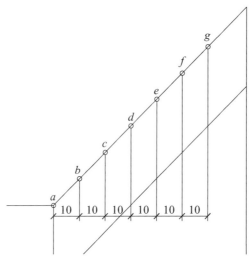

图 4-26 坡面位移测点

若坡面位移过大，位于坡面上的洞外结构也易因强制位移的影响而造成破坏。提取计算模型坡面 $a \sim g$ 测点三方向位移，计算位移增量及相邻测点位移差，如表 4-18 所示。

表 4-18 坡面测点三方向位移值

方向	测点	最终位移 /mm	位移增量 /mm（相对于 a 点）	加速度最大时刻位移 /mm	位移增量 /mm（相对于 a 点）
x	a	− 5.85	0	− 22.1	0
	g	− 12	6.15	− 27.9	5.8
y	a	− 0.015	0	− 10.3	0
	g	− 0.144	0.129	− 10.1	− 0.2
z	a	− 2.03	0	− 2.22	0
	g	− 5.64	3.61	− 5.37	3.15

表 4-19 坡面相邻测点三方向位移差最大值

方向	x	y	z
相邻测点位移差最大值 /mm	2.02	0.1	1.76

由表 4-18 可知, 如地震中边坡未发生失稳, 沿坡面向上各测点位移均有增大的趋势(y 方向在加速度最大时刻位移略有减小), 其中 x 方向位移增大量为 6.15 mm, z 方向位移增大量为 3.61 mm。

由表 4-19 可知, 边坡坡面相邻测点三方向位移差很小, x 方向相邻点位移差最大为 2.02 mm, y 方向相邻点位移差最大为 0.1 mm, z 方向相邻点位移差最大仅为 1.76 mm。位移差均较小, 对坡面结构影响不大, 故如边坡不失稳, 造成坡面上洞外结构震害的主要因素不是强制位移, 而是地震惯性力。

第5章 隧道通风建模方法及应用实例

5.1 概　述

本章主要以应用实例的形式对隧道通风的建模、计算、分析方法进行介绍，共分为以下几个部分：

(1)隧道施工通风。

(2)公路隧道运营通风。

(3)铁路隧道运营通风。

(4)地下铁道运营通风。

采用的分析软件主要为 FLUENT。

5.1.1 三维隧道通风数学模型

隧道内空气在轴流风机的作用下形成湍流，湍流是一种高度复杂的三维非稳态、带旋转的不规则气流。这样的气流十分复杂，要按照现有的理论来分析处理具有相当的困难。因此，在具体计算中，对隧道内空气的流动作如下基本假定：

(1)流体是不可压缩的。

气体在速度较小(远小于音速)的情况下，流动过程中压强和温度的变化较小，密度仍然可以看作常数，这种气体称为不可压缩气体。在隧道通风机算中，气体速度远小于音速，因此空气体积和密度的变化不足以影响计算结果的精度，故通常将隧道内的气体假定为不可压缩体。

(2)流体视为连续介质，服从连续性定律。

将流体视为连续介质，质点间无空隙，按照物质不灭定律，在单位时间内流程各断面上通过的流体质量应不变。对于密度为常量的稳定流，即各断面上的流量不变，此原理即称为连续性定律。

(3)假定隧道壁面绝热，或忽略隧道内空气比热随温度的变化，视为常数。

(4)假定隧道内流场具有高湍流 Re 数，流体的湍流黏性具有各向同性，湍流黏性系数视为标量。

(5)忽略风机对隧道内流场扰动的影响。

湍流模型采用标准 k-ε 双方程模型，其数学模型包括连续性方程、动量方程和 k-ε 模型方程。

其控制方程如下：

连续性方程：

$$\frac{\partial(\rho u_i)}{\partial x_i} = 0 \tag{5-1}$$

湍动能（k）方程：

$$\frac{\partial(\rho u_i k)}{\partial x_i} = \frac{\partial}{\partial x_i}\left[\left(\mu_{eff} + \frac{\mu_t}{\sigma_k}\right)\frac{\partial k}{\partial x_i}\right] + G - \rho\varepsilon \tag{5-2}$$

湍动能耗散率（ε）方程：

$$\frac{\partial(\rho u_i \varepsilon)}{\partial x_i} = \frac{\partial}{\partial x_i}\left[\left(\mu_{eff} + \frac{\mu_t}{\sigma_k}\right)\frac{\partial \varepsilon}{\partial x_i}\right] + c_1\frac{\varepsilon}{k}G - c_2\frac{\varepsilon^2}{k} \tag{5-3}$$

其中

$$G = \mu_t \frac{\partial u_j}{\partial x_i}\left(\frac{\partial u_i}{\partial x_j} + \frac{\partial u_j}{\partial x_i}\right) \tag{5-4}$$

$$\mu_{eff} = \mu + \mu_t + c_\mu\rho\frac{k^2}{\varepsilon} \tag{5-5}$$

能量方程：

$$\rho C_p\left(u\frac{\partial T}{\partial x} + v\frac{\partial T}{\partial y} + w\frac{\partial T}{\partial z}\right) = \frac{\partial}{\partial x}\left(K_{eff}\frac{\partial T}{\partial x}\right) + \frac{\partial}{\partial y}\left(K_{eff}\frac{\partial T}{\partial y}\right) + \frac{\partial}{\partial z}\left(K_{eff}\frac{\partial T}{\partial z}\right) \tag{5-6}$$

5.1.2　三维隧道通风数学模型的数值计算方法

机械通风的隧道内空气流动是一个非常复杂的三维湍流流动过程。在湍流中流体的各种物理参数，如速度、压力、温度等都随时间与空间发生随机的变化，这就决定了湍流研究的复杂性和重要性。湍流运动非常复杂，可用非稳态的 Navier-Stokes 方程来描述湍流的瞬时运动。

关于湍流运动与换热的数值计算，是近几十年来计算流体力学与数值传热学中困难最多而且研究最活跃的领域之一。目前已经采用的数值计算方法可以大致分为以下三类：

1. 直接数值模拟

DNS 是直接数值求解 N-S 方程组，不需要任何湍流模型，是目前最精确的方法。其优点在于可以得出流场内任何物理量（如速度和压力）的时间和空间演变过程，以及涡旋的运动学和动力学问题等。直接求解 N-S 方程受到诸多方面的限制。第一，计算域形状比较简单，边界条件比较单一；第二，计算量大。影响计算量的因素有三个：网格数量、流场的时间积分长度（与计算时间长度有关）和最小涡旋的时间积分长度（与时间不长有关），其中网格数量是首要因素。为了得到湍流问题足够精确的解，要求能够数值求解所有涡旋的运动，因此要求网格的尺度和最小涡旋的尺度相当，即使采用子域技术，其网格规模也是巨大的。为了求解各个尺度涡旋的运动，要求每个方向上网格节点的数量与 $Re^{3/4}$ 成比例。目前，DNS 能够求解 $Re(10^4)$ 的范围。

对高度复杂的湍流运动进行直接数值模拟，必须采用很小的时间步长和空间步长，才能分辨出湍流中详细的空间结构及变化剧烈的时间特性。根据估算，要对湍流中的一个涡旋进行数值计算，至少要设置 10 个节点，这样对于在一个小尺度范围内进行的湍流运动，在 1 cm³ 的流场中可能要布置 106 个节点。可见 DNS 方法对于计算机的内存空间和计算速度要求非常高，目前国际上正在做的 DNS 还仅限于较低的雷诺数和有简单几何边界条件的问题。

2. 大涡模拟

按照湍流的涡旋学说，湍流的脉动与混合主要是由大尺度的涡造成的。大尺度的涡从主流中获得能量，具有高度的非各向同性，而且随流动的情形而异。大尺度的涡通过相互作用能把能量传递给小尺度的涡。小尺度涡的主要作用是耗散能量，它们几乎是各向同性的，而且不同流动中的小尺度涡有许多共性。

大涡模拟的基本思想就是通过直接数值模拟求解非稳态 N-S 方程计算大尺度涡，但不直接计算小涡运动，小涡对大涡的影响通过近似的模型来考虑，这种影响成为亚格子 Reynolds 应力。

尽管大涡模拟方法对计算机内存及速度的要求远低于直接数值模拟，但仍然相当高。从目前的计算机能力和方法的成熟程度来看，LES 离实际应用还有较长的距离。例如，现有的亚格子应力模型仍很不完善，很难获得独立网格解，尤其用于壁面附近或者边界层，网格差异会导致结果存在较大的差别。

3. 雷诺时均方程

这种方法将非稳态控制方程对时间做平均，在所得出的关于时均物理量的控制方程里包含了速度脉动值乘积的时均项等未知量，于是所得方程的个数就小于未知量的个数。为求解方程组，必须建立模型使得方程组封闭，根据模型的不同，可分为雷诺应力方程法和湍流黏性系数法两种。

雷诺应力方程法对雷诺应力项直接建立偏微分方程求解。我国周培源教授在 20 世纪 40 年代建立了世界上第一个计算湍流应力的方程模型，包括两个速度脉动值时均值（称为二阶矩）的方程和三个速度脉动值乘积时均值（三阶矩）的方程。此外，文献记载也有需要求解 20 多个偏微分方程的模型。雷诺应力方程由于求解方程多，计算量大，直至 20 世纪 90 年代才得到进一步发展。目前在工程数值计算中应用的是二阶矩 Reynolds 应力模型对二阶矩进行直接求解，对三阶矩采用模拟方式计算。

5.1.3 **数值模拟方法和分类**

随着计算机技术和计算方法的发展，许多复杂的工程问题都可以采用区域离散化的数值计算并借助计算机得到满足工程要求的数值解。数值模拟技术是现代工程学形成和发展的重要动力之一。

随着各项技术的发展，目前已经出现了多种数值解法，它们的主要区别在于区域的离散方式、方程的离散方式以及代数方程求解的方法等三个环节。计算流体动力学中比较常用的是有限差分法（Finite Difference Methods, FDM）、有限元法（Finite Element Methods, FEM）和有限容积法（（Finite Volume Methods, FVM）。

1. 有限差分法

有限差分法是数值解法中最经典的方法。它的做法是将求解区域划分为差分网格,用有限个网格节点代替连续的求解域,然后将偏微分方程(控制方程)的导数用差商代替,推导出含有离散点上有限个未知数的差分方程组。这种方法产生和发展比较早,也比较成熟,较多用于求解双曲线和抛物线型问题。用它求解边界条件复杂,尤其是椭圆形问题不如有限元法或有限体积法方便。构造差分的方法有多种形式,目前主要采用的是泰勒级数展开方法。其基本的差分表达式主要有四种形式:一阶向前差分、一阶向后差分、一阶中心差分和二阶中心差分等,其中前两种形式为一阶计算精度,后两种形式为二阶计算精度。这几种差分形式通过对时间和空间的不同形式组合,可以形成不同的差分计算格式。有限差分法的主要缺点是对复杂区域的适应性较差以及数值解的守恒性难以保证。

2. 有限元法

有限元法是将一个连续的求解域任意分成适当形状的许多微小单元,并于各小单元分片构造插值函数,然后根据极值原理(变分或加权余量法),将问题的控制方程转化为所有单元上的有限元方程,把总体的极值作为各单元极值之和,即将局部单元总体合成,形成嵌入了制定边界条件的代数方程组,求解该方程组就得到各节点上待求的函数值。对椭圆形问题有更好的适应性。有限元法求解的速度比有限差分法和有限体积法慢,在商用 CFD 软件中应用并不广泛。有限元法的最大优点是对不规则区域的适应性好;但对间断解问题的处理能力受到限制,远没有有限差分法的灵活和效能。

3. 有限体积法

有限体积法,又称为控制体积法,是将计算区域划分为网格,并使每个网格点周围有一个互不重复的控制体积,将待解的微分方程对每个控制体积积分,从而得到一组离散方程。其中的未知数是网格节点上的因变量。子域法加离散,就是有限体积法的基本思路。有限体积法的基本思路易于理解,并能得出直接的物理解释。离散方程的物理意义,就是因变量在有限大小的控制体积中的守恒原理,与微分方程表示因变量在无限小的控制体积中的守恒原理一样。有限体积法得出的离散方程,要求因变量的积分守恒对任意一组控制体积都得到满足,对整个计算区域,自然也得到满足,这是有限体积法吸引人的优点。有一些离散方法,例如有限差分法,仅当网格极其细密时,离散方程才满足积分守恒;而有限体积法即使在粗网格情况下,也显示出准确的积分守恒。

就离散方法而言,有限体积法可视作有限元法和有限差分法的中间产物,三者各有所长。有限差分法:直观,理论成熟,精度可选,但是不规则区域处理烦琐,虽然网格生成可以使有限差分法应用于不规则区域,但是对区域的连续性等要求较严。使用有限差分法的好处在于易于编程,易于并行。有限元方法:适合处理复杂区域,精度可选,缺憾在于内存和计算量巨大,并行不如有限差分法和有限体积法直观。不过有限元法的并行是当前和将来应用的一个不错的方向。有限体积法:适于流体计算,可以应用于不规则网格,适于并行;但精度基本上只能是二阶。

5.2　隧道施工通风

5.2.1　工程概况

虹梯关隧道左线起止里程 K11 + 088—K24 + 210,全长 13 122 m,右线起止里程

YK11 + 088—YK24 + 186，全长 13 098 m，其中左线 K11 + 088—K18 + 300，长 7 212 m，右线 YK11 + 088—YK18 + 317.77，长 7 226.77 m。在 K16 + 050 处设置 1#、2# 通风斜井，因隧道洞口山势陡峭，场地狭窄，顺进洞口方向山体上部岩体有一竖向贯通裂缝，并且该处危石体积很大，为确保施工安全，缩短进洞施工周期，保证隧道按期完成，在虹梯关隧道右侧（K11 + 566）增设横通道一处，绕行至隧道进行施工。

依照隧道设计特点，部署两个工区展开施工，其中进口工区承担左、右洞各 4 962 m 任务，1# 斜井工区承担主洞左洞 2 250 m 的任务，2# 斜井承担主洞 2 264 m 的任务，见图 5-1。

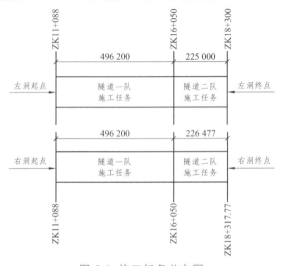

图 5-1 施工任务分布图

虹梯关隧道施工通风分为两个阶段：第一阶段，前 2 000 m 采用独头压入通风技术，在横洞口设置 2 台 SDF-N012.5 风机，分别引至左、右洞，将新鲜空气送至工作面，污浊空气沿洞身排到洞外。

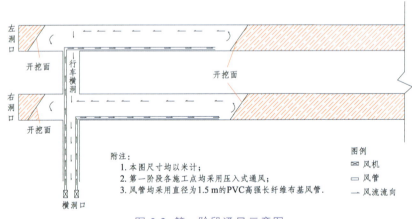

图 5-2 第一阶段通风示意图

第二阶段，从 2 000 m 处开始到斜井处，采用巷道式联合通风，利用右线隧道已衬砌段作为新鲜风进口，将左、右两线布置在洞口的风机移至相应横通道所在位置处：右线直接利用轴流风机，通过风管将风送至掌子面附近；左线通过布设在右线的轴流风机，将新鲜风通

过风管送至掌子面。右线隧道的污风通过横通道进入左线隧道,与左线掌子面过来的污风一同排到洞外。具体实施原理如下:

巷道式通风利用两个(A、B)相邻隧道相互构成平行导洞的特点,借鉴运营公路隧道射流通风原理,将射流通风理论引入隧道的施工通风中。随着隧道不断的向前掘进,两条隧道将通过横通道进行连接,利用射流风机自身的增压作用,产生巨大的压力差,克服 A、B 洞的巷道摩擦阻力,引导空气在洞中纵向移动,A 洞吸入新鲜空气,B 洞排除污浊空气,形成通风大循环。此外,还通过横通道将新鲜空气由 A 洞吸入 B 洞,将 A 洞污浊空气排入 B 洞,在 A、B 两洞掌子面形成通风小循环。

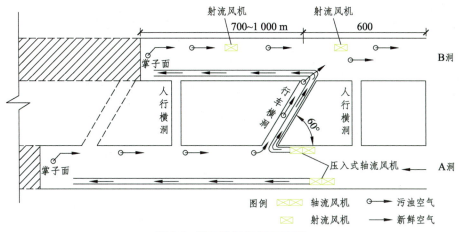

图 5-3　第二阶段通风示意图

本次算例以第二阶段施工通风建模计算为例。

5.2.2　构建模型

计算采用通用的 CFD 商业软件 FLUENT 进行模拟,计算以虹梯关隧道实际尺寸为依据。模型几何尺寸如下:

由工程实际情况确定断面尺寸,隧道断面如图 5-4 所示,长度为 4.5 km;风管直径 1.8 m。

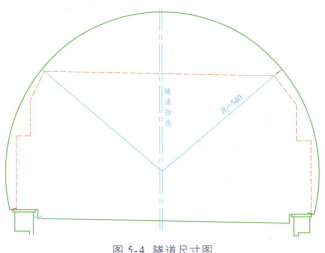

图 5-4　隧道尺寸图

按照断面尺寸，通过创建点、边和面，以及对面进行拉伸，形成一个体。

（1）利用 gambit 确定隧道模型的点。通过对所构想的模型进行分析，确定每个点的三维坐标，在 gambit 中逐个输入点的坐标，从而确定点位置。

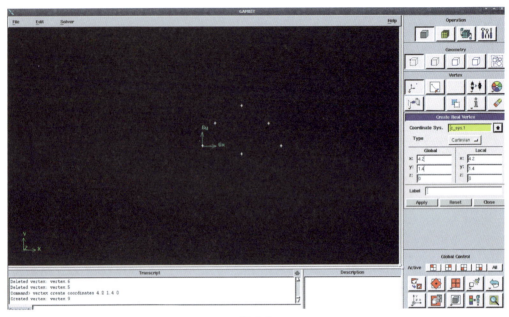

图 5-5

（2）利用 gambit 将所确定的点形成线。在 gambit 中点击输入线条按钮，确定输入直线，再按住键盘 shift 键，将所要连成线的点连成线。需要输入曲线或圆弧时，将输入对象改成曲线或者圆弧即可；也可用鼠标选入相应点，点击 apply。

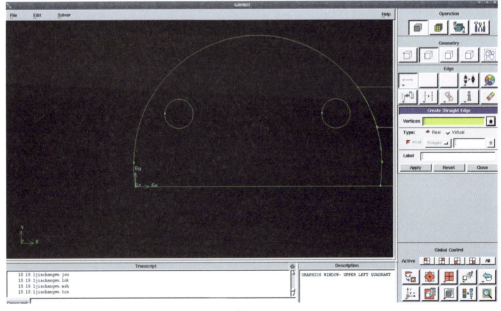

图 5-6

（3）利用 gambit 将所形成的线形成面。将输入状态切换到面的输入。类似于点形成线，按住 shift，选中需要形成面的线条，点击 apply 形成相应平面或曲面，如图 5-7 所示。

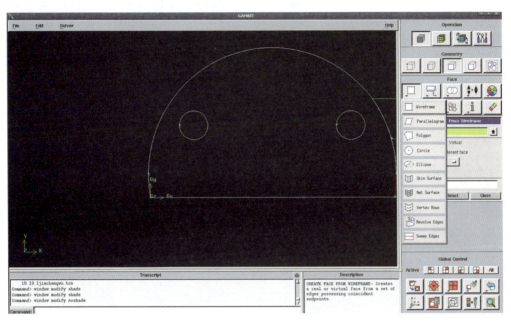

图 5-7

（4）将形成的面形成体。将所要形成体的平面或者曲面按住 shift 选中，形成相应的体。本模型共形成两个体，在去掉两体公共部分，形成一个体。通常采用拉伸命令（sweepfaces）将一个面形成一个体，如图 5-8 所示。

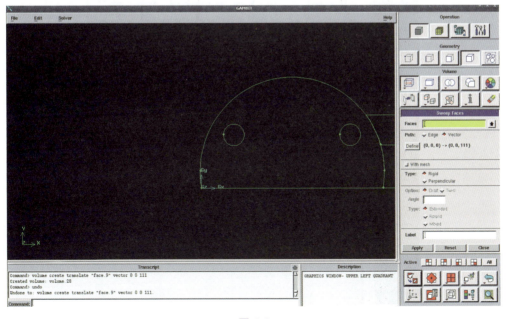

图 5-8

（5）采用布尔操作将横通道与隧道主洞合并在一起，如图 5-9 所示。

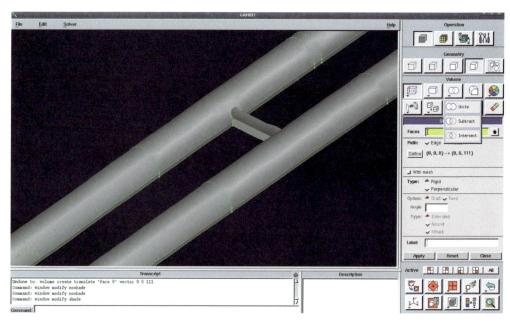

图 5-9

（6）网格划分中如果模型较为简单，可以直接划分；如果遇到有较难划分的地方，可以建立新的面将较难划分的面分割出来，采用 splitvolume 命令，将原有体通过新建立的面划分成新的体，重新对该区域进行划分，如图 5-10、图 5-11 所示。

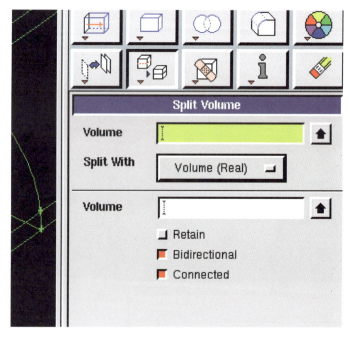

图 5-10

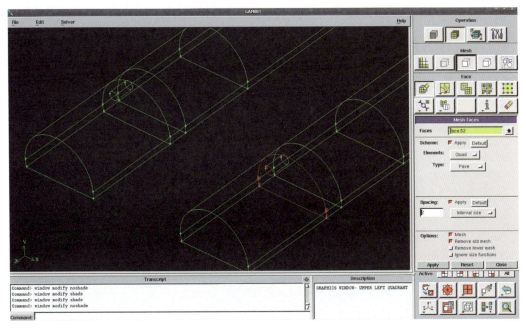

图 5-11

（7）边界条件设立。通过对模型的分析，在对模型网格划分后，应对模型进行边界调节设定。在设立边界条件的同时，最好分别对各个边界进行命名，如图 5-12 所示。

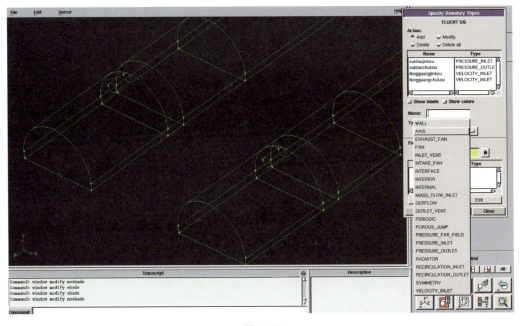

图 5-12

5.2.3 计算参数

计算参数的选取,主要是根据工程现场的原始资料。针对本工程实例,选取参数如表 5-1 所示。

表 5-1 计算参数

左线风管 出风口	速度进口 (velocityinlet)	工况一	速度 14.7 m/s
		工况二	速度 0 m/s
		工况三	速度 14.7 m/s
右线风管 出风口	速度进口 (velocityinlet)	工况一	速度 14.9 m/s
		工况二	速度 14.9 m/s
		工况三	速度 0 m/s
左线风管 入风口	速度进口 (velocityinlet)	工况一	速度 17.1 m/s
		工况二	速度 0 m/s
		工况三	速度 17.1 m/s
右线风管 入风口	速度进口 (velocityinlet)	工况一	速度 17.1 m/s
		工况二	速度 17.1 m/s
		工况三	速度 0 m/s
左线隧道洞口	压强出口 (velocityinlet)	相对压强 0 Pa	
右线隧道洞口	压强出口 (velocityinlet)	相对压强 0 Pa	
隧道壁面	壁面(wall)	粗糙度常熟 C_K 取 0.5	粗糙度厚度值 K_s 取 0.01
排风机	速度进口 (velocityinlet)	工况一	速度 17.6 m/s
		工况二	速度 17.6 m/s
		工况三	速度 17.6 m/s
		位置距污风出口为 100 m	

5.2.4 模拟步骤

(1)文件导入和网格操作。

打开 fluent 软件,进行数值模拟设置和试调(见图 5-13):

导入网格:读入网格(msh 文件)

File→Read→Case

读入网格后,在窗口显示进程。

检查网格:Grid→Check

Fluent 对网格进行多种检查,并显示结果。注意最小容积,确保最小容积值为正。

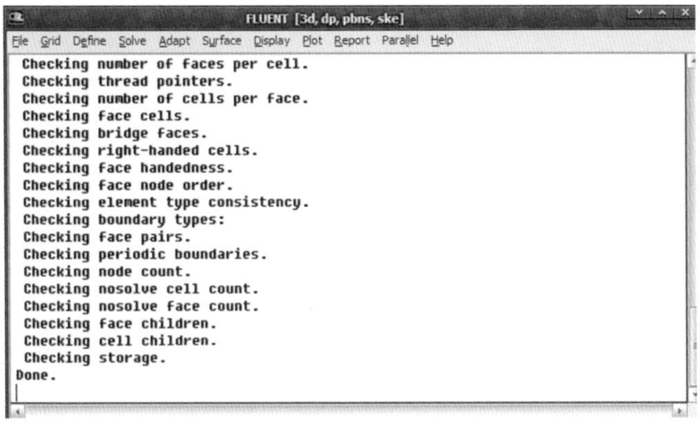

图 5-13

（2）选择计算模型。

在一般的隧道施工通风计算中，通常采用 pressurebased 压力基求解器、隐式（implicit）、三维、稳态（steady）的默认参数设置，一般工况采用 k-ε 湍流模型（见图 5-14、图 5-15）。

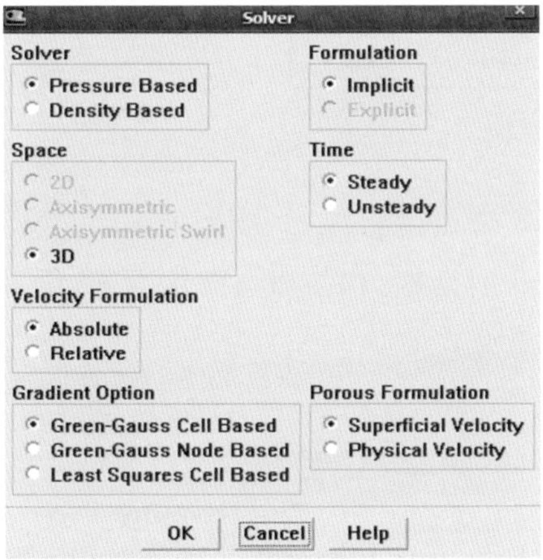

图 5-14

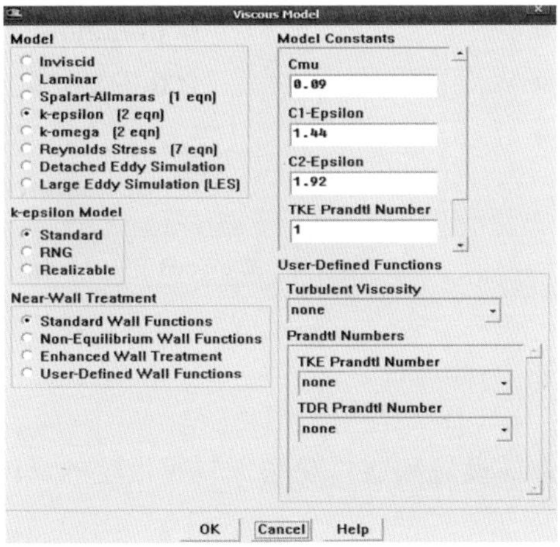

图 5-15

（3）计算中默认的流体是空气，也是本问题的工作介质，由于速度比较小，可以认为是不可压缩流动。

打开材料对话框，设置相关参数，如图 5-16 所示。

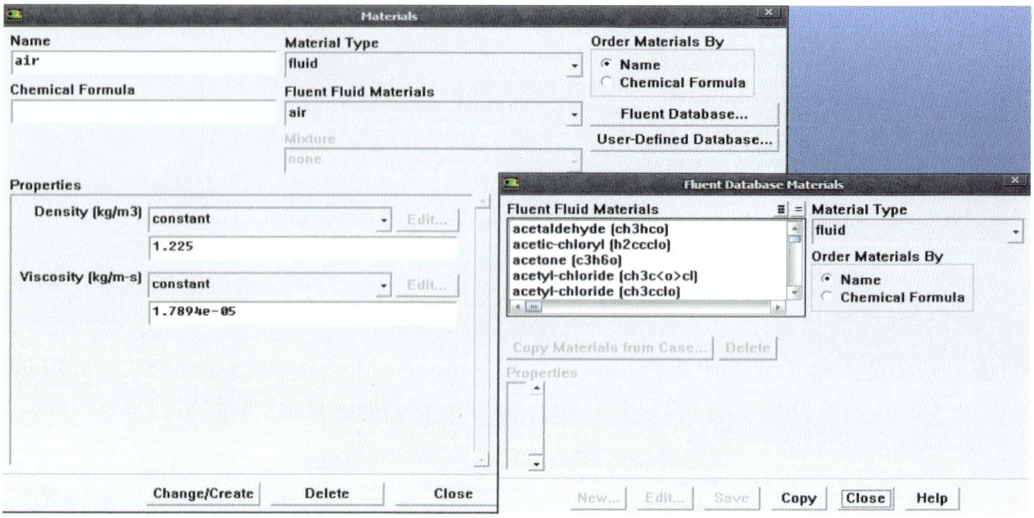

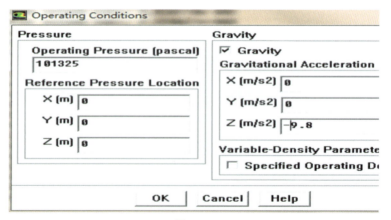

图 5-16

（4）操作环境设置。

打开 operatingconditions 对话框，保持压力默认设置，设置重力加速度，加速方向应针对模型坐标系建立，如图 5-17 所示。

图 5-17

（5）边界条件设置。

按照模型建立的边界条件设置和通过现场资料所设定的具体参数，对每个边界条件进行设置，如图 5-18 所示。

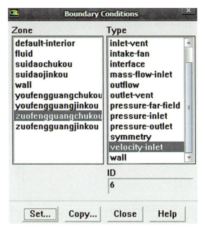

图 5-18

压力边界条件设置, 如图 5-19 所示。

图 5-19

速度边界条件设置, 如图 5-20 所示。

图 5-20

（6）交接面设置。

本模型中无交界面需要另外设置，故不用另外设置交界面，如图 5-21 所示。

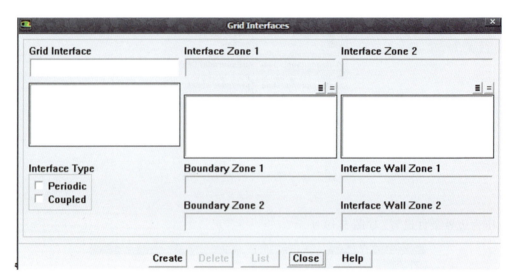

图 5-21

（7）求解。

求解控制参数的设置，如图 5-22 所示。

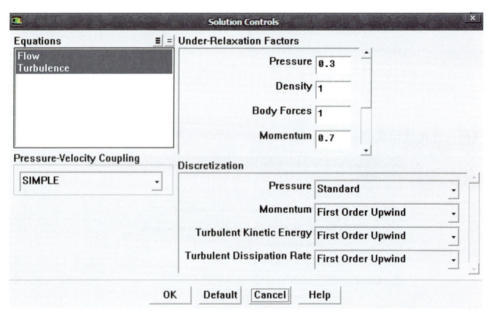

图 5-22

使用默认初始化值：使用默认初始化值，初始化，Solve→Initialize→Initialize，如图 5-23 所示。

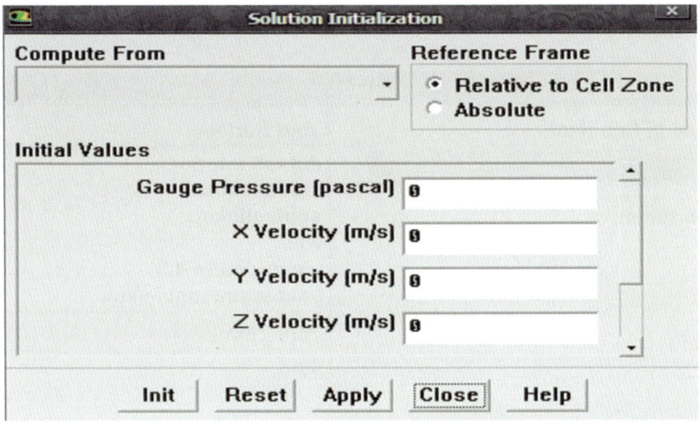

图 5-23

打开残差图: solve-monitors-residual; 弹出对话框后选中 plot, 点击 OK, 如图 5-24 所示。

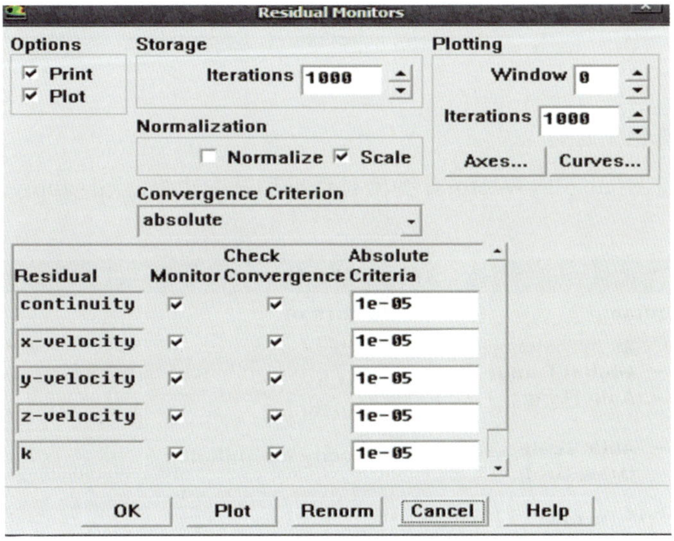

图 5-24

运行计算: Solve→Itera, 设定 NumberofTimeSteps 为 1 800(模拟 30 分钟, 每秒一步); 点击 Itera, 如图 5-25 所示。

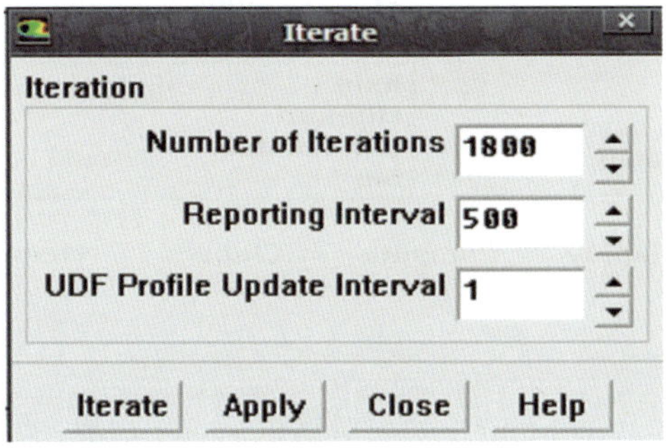

图 5-25

设立后处理界面，如图 5-26 所示。

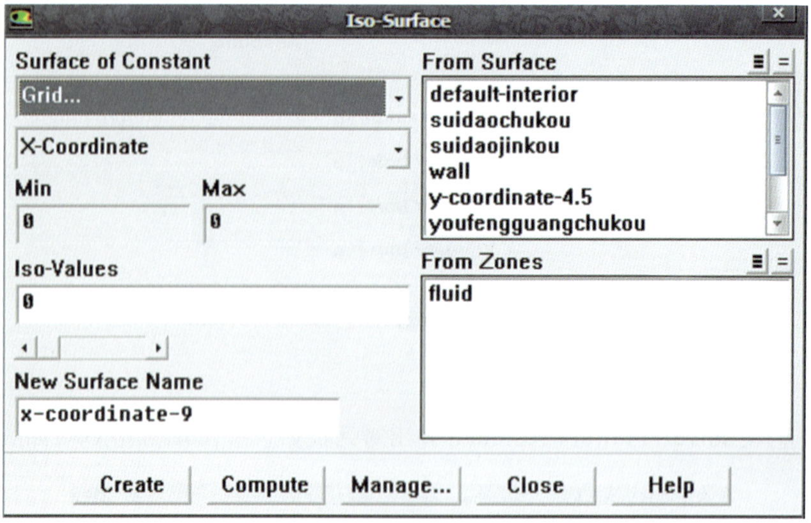

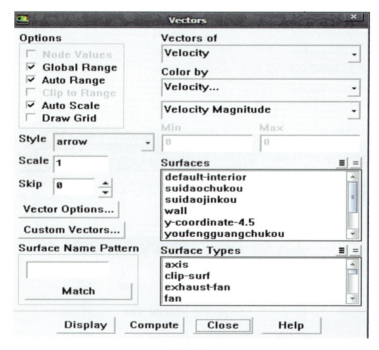

图 5-26

（8）显示结算结果。

显示结果矢量图：display-vectors；弹出对话框后选中边界，点击 apply，如图 5-27 所示。

图 5-27

显示结果流场图：display-contours；弹出对话框后选中边界，点击 apply，如图 5-28 所示。

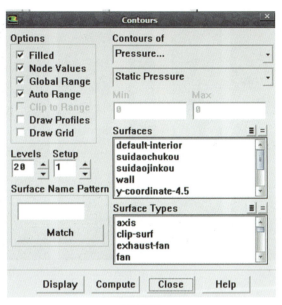

图 5-28

5.2.5 计算结果分析

将无风机情况的模型进行 CFD 计算分析。采用基于压力的压力 - 速度修正算法（SIMPLE 算法）。迭代计算 364 次后，计算收敛。通过 DISPLAY 云图，得到工况一下的隧道横通道附近的风速矢量图及风速云图（均为 4.5 m 高处隧道平面），如图 5-29 所示。

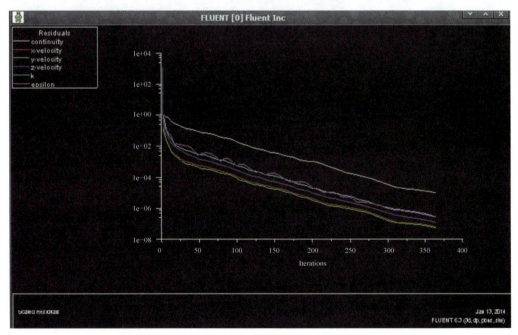

图 5-29

压力云图分析（见图 5-30、图 5-31）。

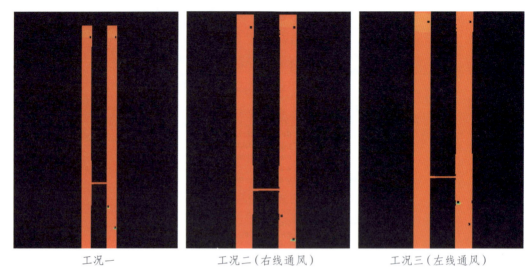

工况一 工况二（右线通风） 工况三（左线通风）

图 5-30 隧道内压力分布云图

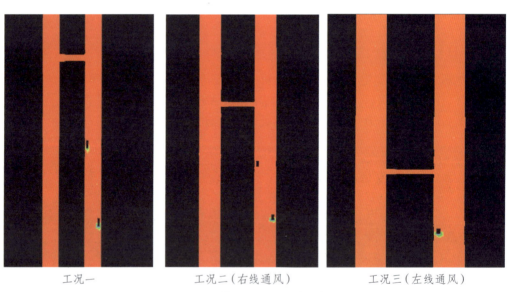

工况一 工况二（右线通风） 工况三（左线通风）

图 5-31 横通道附近压力云图

通过分析在无排风机情况下隧道通风的三种工况，我们可以发现，三种工况下，除风管进出口附近压力变化较为明显外，其余并无太大变化，同时左、右线无明显的压差，也就不能在横通形成明显的空气流动，对于排出右线污风和限制污风回流是极度不利的。

通过分析速度云图（见图 5-32）可以得出，三种工况下都是在进、出风口处的速度较为明显，风管出口影响下掌子面处的风速较大；同时按前期计算所提供的风速风量考虑，掌子面污风速度在距离掌子面 300 m 附近速度将趋于隧道内的平均流速，有利于污风进入横通，排到洞外。由计算结果可以看出，将风管出口布置在左线，可以有利于右线污风沿右洞左侧进入横通道排入左线，同时左线污风沿左线左侧排到洞外，减小左线污风进入右线的可能性。

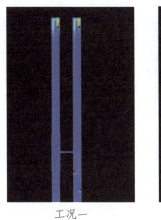

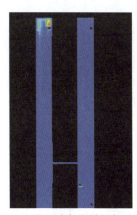

工况一　　　　　　工况二（右线通风）　　　工况三（左线通风）

图 5-32　隧道内速度云图

通过分析三种工况下的速度矢量图（见图 5-33 ~ 5-35），可以看出，在三种工况下，右线污风不能进入左线，左线污风部分由左线排出，部分进入右线重新被风机吸入造成二次污染。

工况一　　　　　　工况二（右线通风）　　　工况三（左线通风）

图 5-33　速度矢量图

工况一　　　　　　工况二（右线通风）　　　工况三（左线通风）

图 5-34　横通道速度矢量图细部

工况一　　　　　　　　　工况二(右线通风)　　　　　　工况三(左线通风)

图 5-35　掌子面速度矢量图

通过上述分析,得出以下结论:

(1)在无排风机的情况下,隧道内部除风管进出口附近,隧道其余部分的压力相差不大。

(2)在无排风机的情况下,左线污风大部分从左线排出,其余部分经横通流入右线。同时,右线污风同左线流入的部分污风混合着右线的新鲜空气再次被风机吸入,导致二次污染。

(3)在无排风机的情况下,左、右线掌子面均被污风污染,不能达到要求,故必须在左线采用排风机或者右线采用送风机。

5.3　公路隧道运营通风

随着我国高速公路建设的快速发展,公路隧道的数量越来越多,通过隧道的车流量也日益增加。车辆在隧道中运行会产生大量废气与烟雾,影响空气质量与司乘人员的安全,降低隧道内可见度,增加了安全隐患。隧道通风是保证汽车行驶安全性和舒适性的必要条件。在隧道防灾救灾方面,隧道通风也起着重要作用。尤其在特长公路隧道设计中,通风技术更是重要的一环。通风方案的选择,直接影响到隧道的工程造价、规模、工期、运营费用和防灾救灾功能。

国际上的长大公路隧道运营通风方案大致分为全横式、半横式、分段纵向式和混合式四大类,各种通风方案有利有弊。

1. 全横式与半横式通风方案

横向通风方案与半横向通风方案均需隔离出较大的空间作为风道。横向通风方案需设送风道与排风道,通风机送出的新鲜空气由送风道吹出口送出,在隧道横断面内稀释污浊空气后,流向排风道排出;半横向式通风方案隧道仅一条风道,一般用来进风。新鲜空气横向进入车道,污浊空气则沿车道纵向流动排到洞外。采用这两种方案,污染物浓度随隧道全长分布得比较均匀,隧道内的卫生状况较好,且具有气流稳定、洞内风速小、通风噪声小、行车环境舒适等优点。尤其在发生火灾的情况下,迅速排除烟雾方面的效果很好。但由于需要隔离风道,增大了开挖断面,两个方案初期的土建工程费用与后期运营费用较大。20 世纪 80 年代以前,欧洲大多数国家的长大公路隧道采用了横向式或半横向式通风方案,其中以瑞士、奥地利、意大利为代表。如建成于 1987 年的奥地利普拉布奇(Plabutsch)隧道,全长 9 634 m,采用全横向式通风设计。

2. 分段纵向式通风方案

纵向通风是指由通风机压入的新鲜空气,从隧道一端风道进入车道并沿隧道轴向净空内流动,推动和稀释污浊空气并沿车道纵向流动,从另一端排到洞外。对于长大公路隧道,车辆运行阻力增大,综合考虑隧道排烟、火灾情况,往往需要将纵向通风分段进行。分段的方式一般包括设置竖井、斜井甚至平导。

分段纵向式通风方案采用机械通风方式使新鲜空气从隧道的不同地段送入,而污染空气从不同地段排出。该方案由于无需增加隧道断面,降低了初期投资费用,并具有后期运营费用低、管理方便等优点,且充分利用车辆活塞风作用,起到经济节能的效果;在合理设置了竖(斜)井的情况下,可有效缩短工期,分散弃渣,解决了施工期间通风、排水等问题。但发生在火灾的情况下,隧道内烟气会沿隧道下游纵向流动,通过隧道出口或竖(斜)井排出,阻止火灾蔓延和烟雾扩散比较困难,洞内的排烟效果不如全横向和半横向通风方案。近 30 年来,国际上纵向通风方案逐渐形成主流。日本长大公路隧道几乎全部采用了纵向通风方案,欧洲也逐渐开始借鉴采用。如建成于 1990 年的日本关越(Kan-etsu)隧道,全长 11 010 m,竖井纵向式通风;建成于 2001 年的挪威 Folgefonn 隧道,全长 11 130 m,纵向式通风。在我国,随着 90 年代建成的成渝高速公路中梁山隧道(3 165 m)采用纵向式通风方案,高速公路隧道纵向通风技术首次突破 3 000 m,日渐成熟的纵向通风方案在其他特长公路隧道中得到了广泛的应用。

3. 混合式通风方案

混合式通风是由横向式通风与纵向式通风等基本方式加以组合而形成的通风方案。对于长大公路隧道,如果埋深很大、地形险峻,中间竖井在设置、施工方面会很困难,此时可考虑采用不同通风方式组合的混合式通风方案。如其中一种思路是纵向 - 全横向混合通风方案,即在隧道两端采用纵向通风,而在中间段采用全横向通风的方式。全横行通风段的隧道由于纵向风速为零,所以从理论上讲,中间的横向通风段可以取任意长度。这种方案的缺点是纵向、横向连接处的风流较难处理,需具体调整风道的设计尺寸;但在一定程度上避免了纵向通风分段不能太长、防火救灾功能差的缺点,在深埋长大隧道中间段通风问题以及竖(斜)井设置难度问题上有了较好的解决,不失为长大公路隧道通风方案的一种选择。

近年来,随着公路隧道技术的日渐完善,国内所采用的通风方案也经历了由最初的全横向、半横向向分段纵向式通风方案过渡的过程。我国隧道通风方案受日本的影响较大,逐渐成熟,但也遇到了许多问题和挑战。

5.3.1　工程概况

某公路隧道地处东南丘陵地带,海拔高度为 500 m 左右,隧道全长为 5.2 km。隧道按双向车道高速公路标准建设,净宽 10.5 m,限高 5 m,设计车速为 80 km/h,属一级公路隧道。该公路隧道运营通风采用的通风竖井,是目前世界上较为常见的竖井通风工程,隧道共设置 1 座通风竖井,井深 300 m,竖井直径达 10 m,设置了非常完备的监控和防灾救援系统。从隧道的通车来看,隧道禁止大货车或载放危险物品、燃料等车辆进入隧道,从某种程度上就是为了保证隧道的安全性。此外,隧道里面的监控系统会 24 h 运转,一旦发生险情便能及时自动报警,进入应急状态并实施应急预案。除此之外,隧道里面还专门设置了消防高温排烟系统。通风系统的设计是在非火灾情况下采用竖井吸出式纵向通风,以避免对洞口大气环境造成污染,且废气排放集中处理,经过环保审核,可以满足环保的要求。

本隧道竖井功能为运营通风竖井,因此井位的选取中主要考虑通风区段的划分、通风阻力、工程地质条件、水文地质条件、地形条件等因素。通风区段的划分主要根据通风计算,使不同通风区段满足各种工况下的通风要求;通风阻力的分析应以不同井位的通风计算结果为依据。对于工程及水文地质条件的影响,主要考虑竖井应选择在地质条件较好、含水量较小的岩层中;地形条件主要考虑影响竖井的深度、地表水的影响、建井场地、施工便道等因素。隧道竖井形式确定中的主要影响因素为环境影响、井位条件、施工工期、施工干扰、运营费用、土建费用等。经综合考虑,本隧道选取单竖井方案。

本工程设计的主要依据是中华人民共和国交通部于 2000 年 1 月 7 日颁布的《公路隧道通风照明设计规范》《工业通风设计手册》等。主要依据如下:

(1)通风方式:根据规范要求。双向交通隧道满足下式采用机械通风:

$$L \times N \geqslant 6 \times 10^5 \tag{5-7}$$

式中 L—— 隧道长度,m;

N—— 每小时通车量,辆 /h。

根据《公路隧道通风照明设计规范》的要求,单向交通隧道符合下式时宜采用机械通风:

$$L \times N \geqslant 2 \times 10^6 \tag{5-8}$$

式中 L—— 隧道长度,m;

N—— 每小时通车量,辆 /h。

根据一级公路的通车量标准,设该隧道通车量 N 等于 300 辆 /h。隧道长度为 5.2 km。根据单向隧道的通风方式设计标准,$L \times N$ 小于 2×10^6,故可采用自然通风。

(2)设计风速:单向交通的隧道设计风速不宜大于 10 m/s,特殊情况下可取 12 m/s。本工程采取竖井式通风设计,控制风速为 8 m/s。

(3)CO 设计浓度:采取纵向通风时,CO 浓度可根据表 5-2 取值。

表 5-2 CO 设计浓度

隧道长度	$\leqslant 1\ 000$	$\geqslant 3\ 000$
δ(ppm[①])	300	250

注:① 1 ppm $= 1 \times 10^{-6}$。

考虑交通阻滞时,CO 可取 300 ppm。根据以上规范,CO 的设计浓度 δ 取 300 ppm。

(4)需风量设计:稀释 CO 需风量计算公式:

$$Q_{\text{req}}(\text{co}) = \frac{Q_{\text{co}}}{\delta} \cdot \frac{p_0}{p} \cdot \frac{T}{T_0} \times 10^6 \tag{5-9}$$

式中　Q_{req} —— 隧道全长稀释 CO 的需风量;

　　　Q_{co} —— 隧道全长 CO 排放量;

　　　p_0 —— 标准大气压, 取值 101.3 kPa;

　　　p —— 隧址设计气压;

　　　T —— 隧道夏季设计温度。

根据一级公路的 CO 排放量标准计算, 该隧道 Q_{co} 取值为 4.4×10^{-6} m^3/s; p 取值为 98 kPa; T 取值为 298 K。经计算得 Q_{req} 值为 1.657×10^4 m^3/s。

（5）稀释烟雾需风量设计。依据公式:

$$Q_{req}(vi) = \frac{Q_{vi}}{\kappa} \tag{5-10}$$

式中　Q_{vi} —— 隧道全长烟雾排放量, m^2/s;

　　　κ —— 烟雾设计浓度, m^{-1}。

根据一级公路隧道烟雾排放标准, 通车量为 300 辆/h 的 Q_{vi} 为 1.083×10^{-3} m^2/s。车速为 80 km/h 时 κ 值取为 0.007 0 m^{-1}。经计算得需风 $Q_{req}(vi) = 1.547 \times 10^5$ m^3/s。

5.3.2　构建模型

应用 gambit 建立系统结果模型: 由于隧道长高比太大, 不利于全程隧道的模型建立, 所以截取隧道内竖井通风处长 30 m、宽 10.5 m、高 5 m 建立结构模型。具体步骤如下:

（1）利用 gambit 确定隧道模型的点。通过对所构想的模型进行分析, 确定每个点的三维坐标, 在 gambit 中逐个输入点的坐标, 从而确定点的位置, 如图 5-36 所示。

图 5-36

（2）利用 gambit 将所确定的点形成线。在 gambit 中点击输入线条按钮, 确定输入直线, 再按住键盘 shift 键, 将所要连成线的点连成线。需要输入曲线或圆弧时, 将输入对象改成曲线或者圆弧即可, 也可用鼠标选入相应点, 点击 apply。

（3）利用 gambit 将所形成的线形成面。将输入状态切换到面的输入。类似于点形成线, 按住 shift, 选中需要形成面的线条, 点击 apply 形成相应平面或曲面, 如图 5-37 所示。

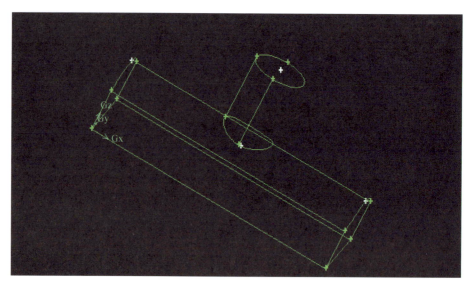

图 5-37

（4）将形成的面形成体。将所要形成体的平面或者曲面按住 shift 选中，形成相应的体，本模型共形成两个体，再去掉两体公共部分，形成一个体。

（5）形成体网格。设置形成体网格的大小为 0.5，点击 apply 形成体网格，如图 5-38 所示。

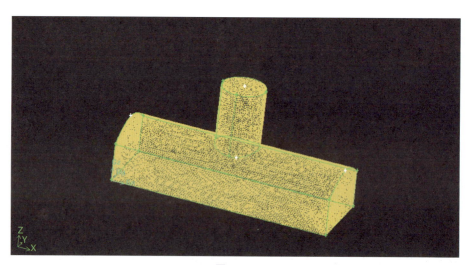

图 5-38

（6）设置模型的边界及流体的进出口。设置模型的左端为进口，竖井上端和隧道右端为出口，其余为边界。

（7）保存 mesh 文件为 tunnelventilation.msh。

5.3.3 计算参数

隧道内风速设置为 8 m/s，本次计算采用 k-ε 湍流模型，使用 Simple 算法，主要模拟隧道竖井附近的流场情况。

5.3.4　模拟步骤

打开 fluent 软件, 进行数值模拟设置和试调:

（1）导入网格: 读入网格（tunnelventilation. msh）。

File→Read→Case

读入网格后, 在窗口显示进程。

（2）检查网格: Grid→Check。

Fluent 对网格进行多种检查, 并显示结果。注意最小容积, 确保最小容积值为正, 如图 5-39
所示。

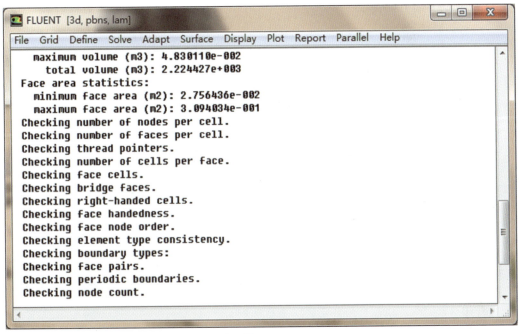

图 5-39

（3）设置边界条件: Define→BoundaryConditions, 如图 5-40 所示。

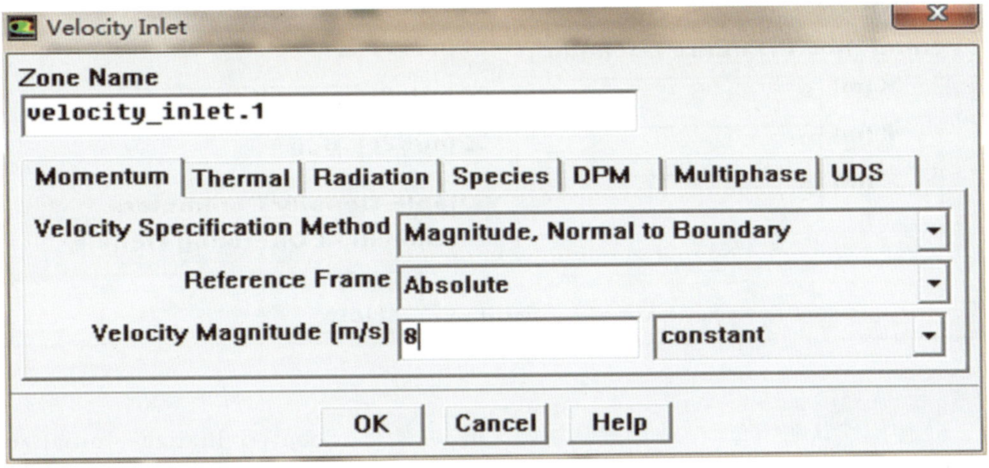

图 5-40

（4）采用 $K\text{-}\varepsilon$ 湍流模型：Define→Models→Viscous，如图 5-41 所示。

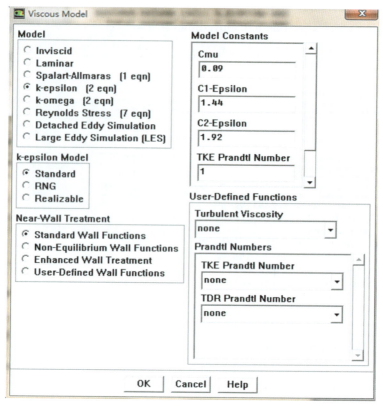

图 5-41

（5）设置重力加速：Define→OperatingConditions，如图 5-42 所示。

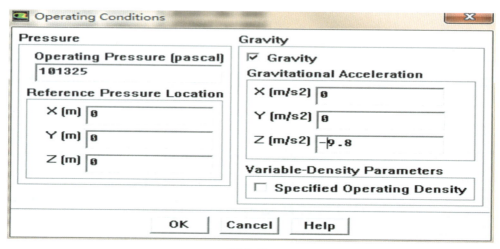

图 5-42

（6）使用默认初始化值：使用默认初始化值，初始化，Solve→Initialize→Initialize，如图 5-43 所示。

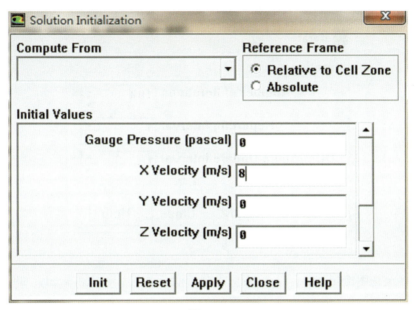

图 5-43

（7）打开监视器: solve-monitors-residual; 弹出对话框后选中 plot, 点击 ok, 如图 5-44 所示。

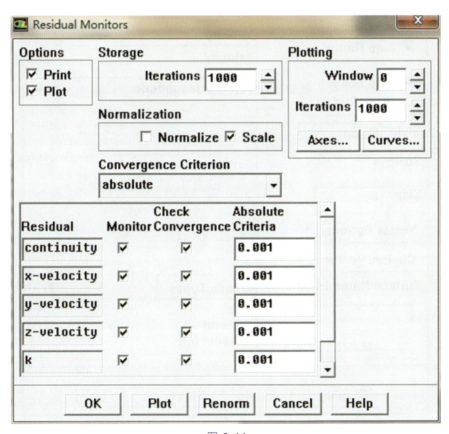

图 5-44

（8）运行计算：Solve→Itera，设定 NumberofTimeSteps 为 100；点击 Itera，如图 5-45 所示。

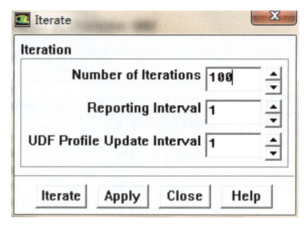

图 5-45

（9）显示流场图像：display-vectors；弹出对话框后选中边界，点击 apply，如图 5-46 所示。

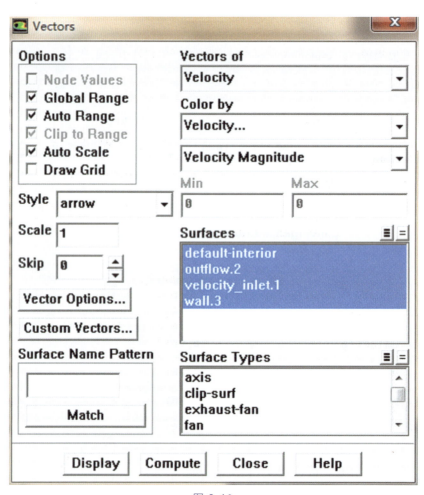

图 5-46

5.3.5　计算结果分析

（1）迭代 100 次所得的残差图，如图 5-47 所示。

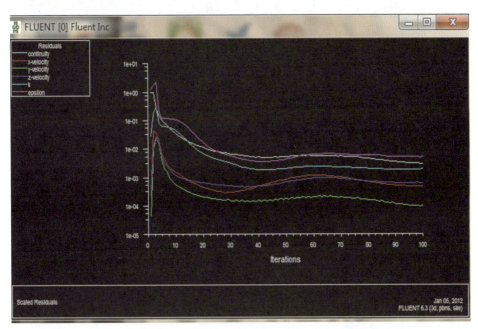

图 5-47　残差图

（2）为了了解流场中流体流速的大小及方向，所得流体速度矢量图，如图 5-48 所示。

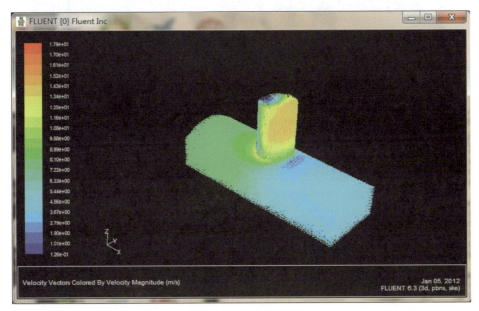

图 5-48　速度矢量图

从图 5-48 中可以看出，流体从进口处进入后，在隧道通风竖井处分成两个方向：一个方向从隧道出口流出，另一个方向从通风竖井处流出。

（3）所得流场压强图，如图5-49所示。

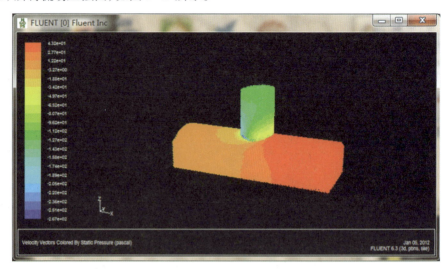

图5-49 压强图

从图5-49中可以看出，流体在竖井处由于流体流速较大，故而压强较小。

（4）所得流体流线图，如图5-50所示。

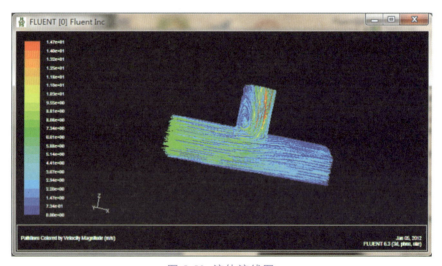

图5-50 流体流线图

从图5-50中可以看出，在通风竖井靠入口处形成旋涡，不利于流体的通风。

从所建模型模拟流场状况来看，流体流动分布合理，符合隧道设计的要求。但为使通风竖井更好地通风，减少流体产生旋涡流动阻碍隧道通风，故而可以将通风竖井靠近隧道顶部部分做成具有一定倾斜度的形式，这样有利于流体通风流畅。

5.4 铁路隧道运营通风

铁路隧道的运营通风是为了促使铁路隧道在运营过程中空气流通，保证旅客和乘务人员的安全和健康而设置。铁路隧道在运营中,由于蒸汽或内燃列车通过时造成洞内空气的污染,危及乘务、养护人员的安全和健康。隧道利用机械通风设备将有毒物质排送至洞外,使洞内环境符合卫生标准,这一过程就称为运营通风。在铁路隧道的设计和施工中,应采取必要的工程措施确保施工作业人员的卫生条件、人身安全和隧道交付运营后的安全。通风与防灾均是现代铁路隧道建设中不容忽视的问题。

内燃机车牵引的列车通过较长的铁路隧道时,机车排出的烟气(含有一氧化碳等有害气体)和热量会在隧道内积蓄,对乘客、乘务人员和隧道养护人员造成危害。因此,交付运营的较长的铁路隧道,须在列车通过后,及时向隧道内引入新鲜空气,排除蓄积的烟气和废热。这一过程,通常称为铁路隧道运营通风。

目前,对于铁路隧道射流风机折减效率的计算方法通常根据《铁路隧道运营通风设计规范》,考虑隧道壁面摩擦影响的射流损失系数 K_j ,其值与风机到壁面的距离有关,并按 K_j-z/d_j 关系曲线图取值。其中 z 为风机中心与隧道壁面的距离, d_j 为风机出口直径,关系曲线图上 z/d_j 的值为 1.0 ~ 4.0。关角隧道的通风设计中,射流风机距壁面仅为 20 cm, $z/d_j = 0.65$,在关系曲线图上无法查得射流损失系数 K_j 的值,导致无法正确计算射流风机的实际升压力、合理确定风机的安装位置和提高风机的使用效率。

采用数值模拟方法对关角隧道射流风机的风机效率进行研究,通过计算比较在扩大断面处不同部位安装射流风机情况下的升压力,选择升压力最大时风机的安装方式作为通风设计的参考。

铁路隧道的射流通风是利用射流风机产生的高速风流,在隧道空间中获得确定的气流状态,以满足通风需要的一种纵向通风方式,如图 5-51 所示。射流风机组采用串联组合方式运行,在风机组之间的每个串联单元通风段的流动特性是基本相同的,如图 5-52 所示。

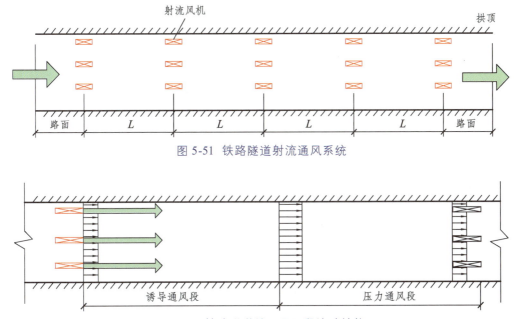

图 5-51　铁路隧道射流通风系统

图 5-52　铁路隧道单元通风段流动结构

根据动量方程可得 N 台射流风机的理论升压力：

$$P_\mathrm{j} = N\rho v_\mathrm{j}^2 \frac{A_\mathrm{j}}{A_\mathrm{r}}\left(1 - \frac{v_\mathrm{r}}{v_\mathrm{j}}\right) \tag{5-11}$$

式中　v_j —— 射流风机出口风速，m/s；

　　　A_j —— 射流风机出口面积，m^2；

　　　A_r —— 隧道断面面积，m^2；

　　　v_r —— 隧道内风速，m/s；

　　　P_j —— 射流风机理论升压力，Pa。

由于射流对壁龛收缩段（收缩锥面）的冲击，产生了射流对收缩锥面的射压，该压力的反力构成了流动体系的外力之一。这是壁面射流所没有的一种作用力形式，是影响射流增压的一个重要因素，隧道内射流的实际增压小于理论增压　，即

$$P_\mathrm{j}' = P_\mathrm{j}\eta \tag{5-12}$$

式中　P_j' —— 射流风机实际升压力，Pa；

　　　η —— 射流风机位置摩阻损失折减系数。

5.4.1　工程概况

关角隧道位于青藏铁路西宁至格尔木段，穿越青海南山，沿肯德隆沟接入察汗诺，全长 32.645 km，位于海拔 3 300 m 以上的地区，是目前世界上最长的高海拔隧道。关角隧道为两座平行的单线隧道，线间距为 40 m，隧道进口段为 8‰ 的上坡段，在岭脊设坡度代数差以后，以 9.5‰ 的坡度连续下坡。关角隧道是我国铁路路网"八纵八横"主通道中陆桥通道的重要组成部分，是青海省、西藏自治区铁路运输中的唯一通道，是我国西部铁路建设的里程碑，如图 5-53 所示。

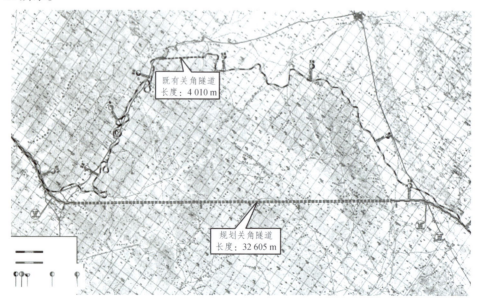

图 5-53　角隧道线路平面示意图

关角隧道通过地区属青藏高原亚寒带半干旱气候区,自然环境特殊,存在如高寒、低氧、风沙大、干旱、人烟稀少等特点。年平均气温为 – 0.5 ℃,极端最高气温 28.0 ℃,极端最低气温 – 38.5 ℃,最冷月平均气温 – 15.2 ℃,常冬无夏,春秋相连。年平均降水量为 341.6 mm,年最大降水量为 453.2 mm,年平均蒸发量 1 791.4 mm,冻结期一般为 10 月中旬至次年 5 月,最大冻结深度约 3 m,最大积雪厚度约 21 cm。

隧址地区的地形地貌总体地势是中部高、北东和南西低,隧道通过区属青海南山区的关角日吉山,青海南山呈 NW—SE 走向,隧道进口位于布哈河冲积平原后缘,隧道进口以北为宽阔平坦的布哈河冲积平原;隧道出口位于关角日吉山南坡低高山区的肯德隆沟沟谷中,肯德隆沟是关角日吉山南坡规模较大的沟谷。关角日吉山北坡低高山区海拔高程为 3 500 ~ 4 000 m,相对高差为 200 ~ 400 m,山坡自然坡度为 25°~ 35°。关角日吉山中高山区海拔高程为 4 000 ~ 4 500 m,相对高差大于 500 m,山坡自然坡度为 25°~ 45°,地势陡峻,局部地段近于直立。关角日吉山南坡低高山区海拔高程为 3 400 ~ 4 000 m,相对高差为 200 ~ 400 m,山坡自然坡度为 25°~ 45°,地势陡峻。

关角隧道运营通风预设计暂按全纵向射流诱导式通风方式进行,采用 SLFJ-112-3T 型射流风机,在 I 线隧道进口设置 4 组、出口设置 3 组,在 II 线隧道进口设置 3 组、出口设置 4 组,每组按 6 台风机布置,采用壁龛式悬挂,如图 5-54 所示。

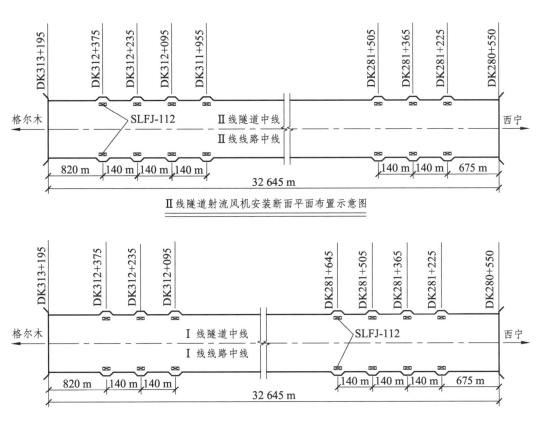

图 5-54　全纵向射流诱导式通风示意图

5.4.2 构建模型

建立长度为 240 m 的隧道模型,由于隧道物理外形、风机布置以及所期望的流动解具有镜像对称的特征,为减少计算所需时间,只取模型右半部分考虑,如图 5-55 所示。

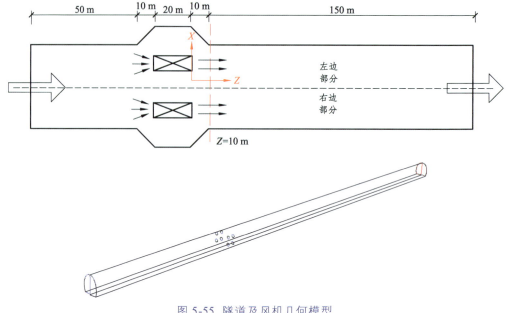

图 5-55 隧道及风机几何模型

5.4.3 模拟计算步骤

1. 在 GAMBIT 中建立模型

(1)启动 GAMBIT,选择工作目录,如图 5-56 所示。

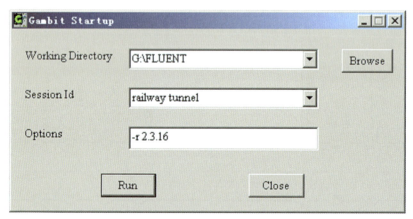

图 5-56 GAMBIT 启动界面

(2)创建实体模型。由于隧道模型较复杂,直接在 GAMBIT 中创建模型较困难,本例在 AutoCAD 中按隧道设计资料完成实体及风机创建后,再在 GAMBIT 中对实体进行导入,如图 5-57、图 5-58 所示。

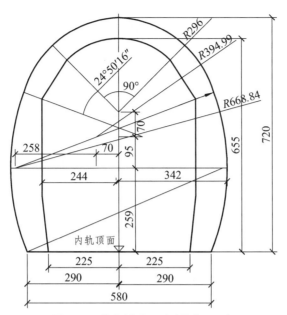

图 5-57　隧道断面尺寸（单位：cm）

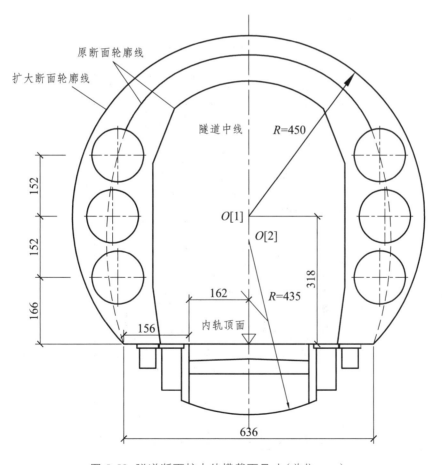

图 5-58　隧道断面扩大处横截面尺寸（单位：cm）

2. 划分网格

在三维 CFD 流体运动计算分析中,很重要的一点就是网格划分。网格划分质量的好坏直接影响到计算的稳定性以及计算结果的精确性。网格从根本上可以分为以下两类:① 结构性网格;② 非结构性网格。目前广泛采用的仍然是结构性网格。对于比较复杂的求解域,构造结构型网格时要根据其拓扑性质分成若干子域,各子域间采用分区对接或分区重叠技术来连接。现在 CFD 通用软件都已能够借助 CAD 软件对流场几何形状建模输入,但生成结构型网格仍是件相当费时费力的工作。另外,由于非结构网格不受求解域的拓扑结构与边界形状限制,构造起来方便很多,而且便于生成自适应网格,能根据流场特征自动调整网格密度,对提高局部区域计算精度十分有利。然而,非结构网格所需内存量和工作量都比结构型网格大很多,有些流场解法和模型并不适用于非结构网格,如目前常用的一些代数湍流模型和壁面函数等就有这样的问题;此外,多层网格技术用于非结构网格也存在较多的困难。因此,两者结合的复合型网格是网格生成技术的发展方向。

单击 Mesh 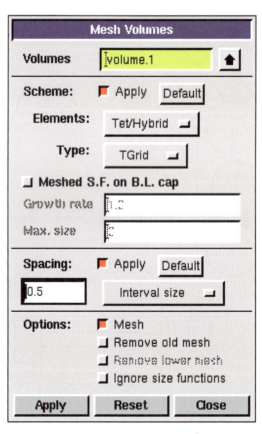→Volume →Mesh Volumes ,在 Mesh Volumes 面板的 Volumes 黄色文本框中选择需要划分的体,Type 选项选择 TGrid,采用 Interval Size 的方式,并填写 0.5,单击 Apply 按钮,生成几何体网格,如图 5-59 ~ 5-61 所示。

图 5-59 Mesh Volumes 面板

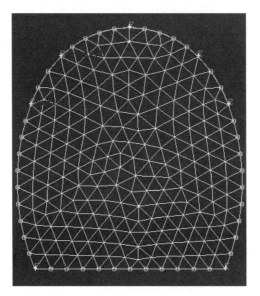

图 5-60　隧道非扩大断面网格

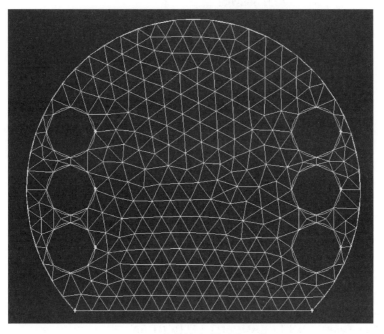

图 5-61　隧道扩大断面处网格

3. 边界条件定义

根据分析设定各边界条件如下：

（1）隧道进口 —— 速度入口（VELOCITY_INLET）边界条件。

（2）隧道出口 —— 压力出口（PRESSURE_OUTLET）边界条件。

（3）射流风机入口 —— 速度入口（VELOCITY_INLET）边界条件。

（4）射流风机出口 —— 速度出口（VELOCITY_INLET）边界条件。

（5）隧道壁面 —— 静止壁面（WALL）边界条件，粗糙度为 5.0 mm。

（6）风机壁面 —— 光滑壁面（WALL）边界条件。

单击 Zones ![图标] →Specify Boundary Types ![图标] ，在 Specify Boundary Types 面板中的 Entity 选项中选择 Faces，按上述边界条件进行设置，其他面默认为 WALL。

执行 File→Export→Mesh 命令，在文件名中输入 railway tunnel.msh，不选择 Export 2-D（X-Y）Mesh，确定输出的为三维模型网格文件，如图 5-62 ~ 5-64 所示。

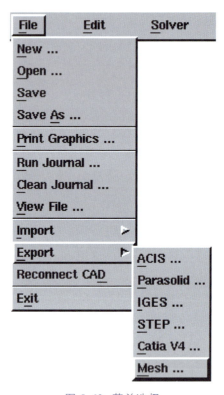

图 5-62　菜单选择

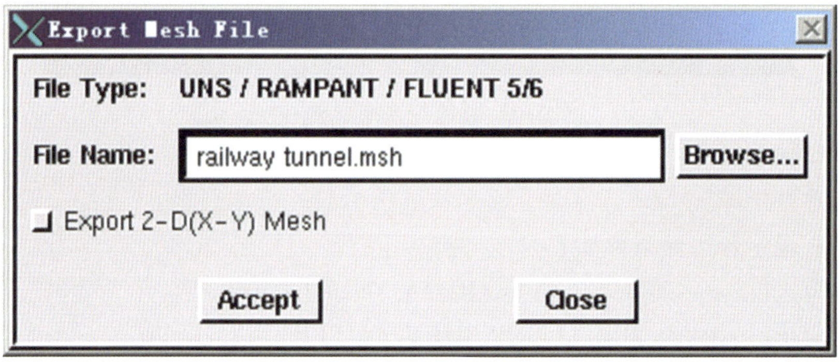

图 5-63　输出界面

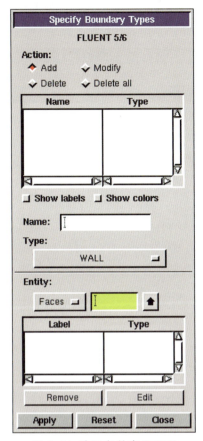

图 5-64　边界条件定义界面

4. 求解计算

（1）启动 FLUENT，在弹出的 FLUENT Version 对话框中选择 3d 计算器，单击 Run 按钮，如图 5-65 所示。

图 5-65　FLUENT 启动界面

（2）执行 File→Read→Case... 命令，读入划分好的网格文件 railway tunnel.msh。然后进行检查，执行 Grid→Check 命令，如图 5-66 所示。

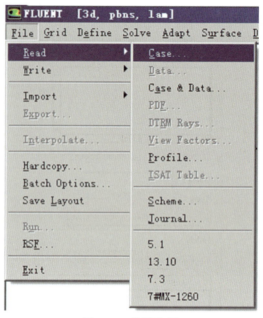

图 5-66 菜单选择

（3）执行 Define→Models→Solver... 命令，弹出 Solver 对话框，保持默认值，单击 OK 按钮，如图 5-67、图 5-68 所示。

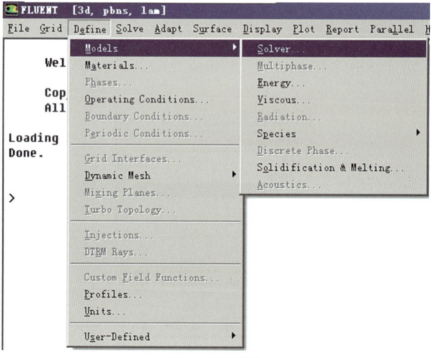

图 5-67 菜单选择

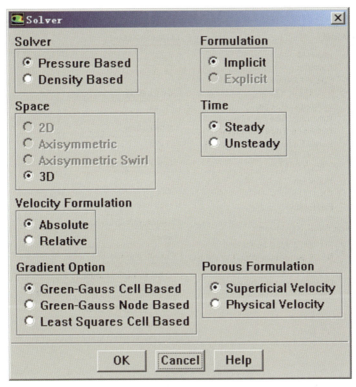

图 5-68 Solver 对话框

（4）执行 Define→Models→Viscous... 命令，在对话框中选择 k-epsilon[2 eqn]（湍流模型），保持默认值，单击 OK 按钮，如图 5-69、图 5-70 所示。

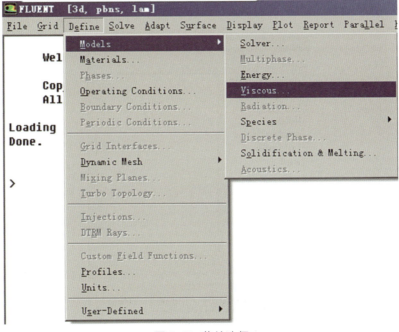

图 5-69 菜单选择

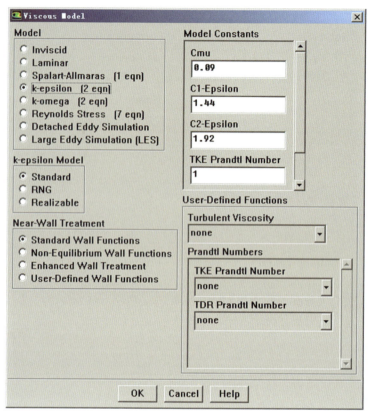

图 5-70 湍流模型选择对话框

（5）执行 Define→Boundary Condition... 命令，弹出 Boundary Condition 对话框，进行边界条件的设置，如图 5-71～5-81 所示。

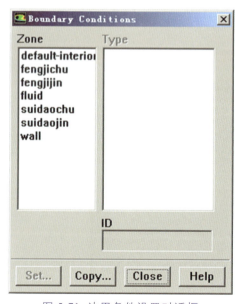

图 5-71 边界条件设置对话框

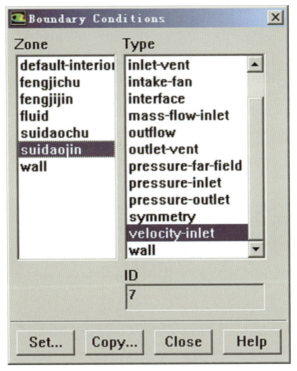

图 5-72　选择隧道进口

图 5-73　设置隧道进口参数

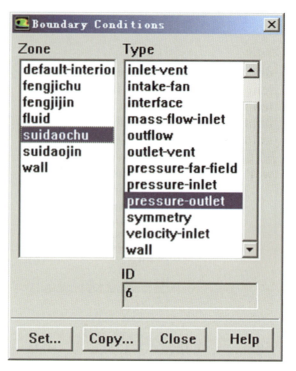

图 5-74 选择隧道出口

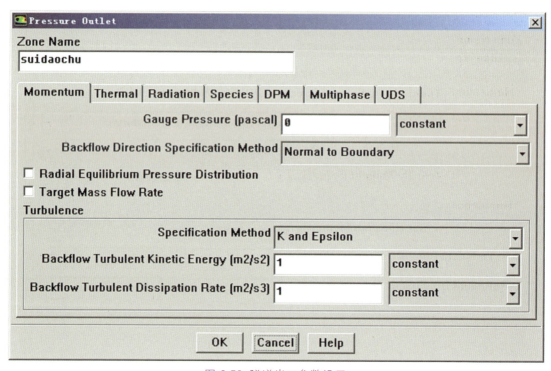

图 5-75 隧道出口参数设置

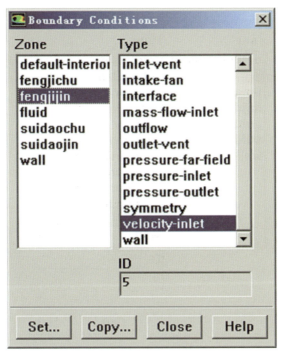

图 5-76　选择风机进口

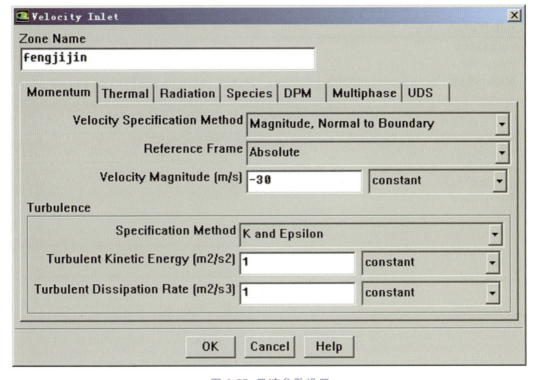

图 5-77　风速参数设置

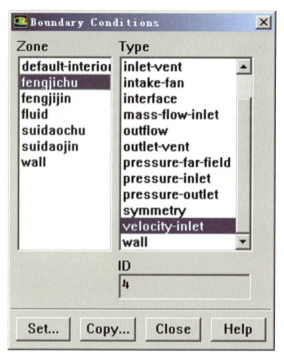

图 5-78 选择风机出口

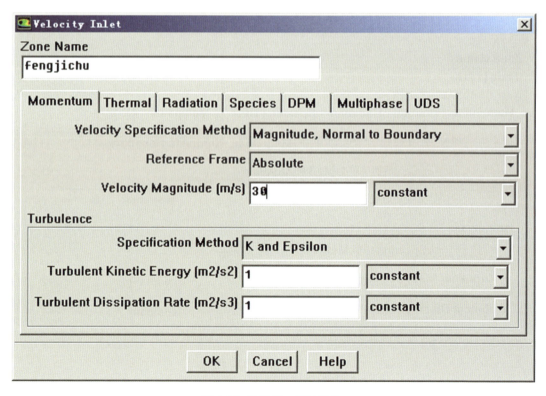

图 5-79 风机出口风速设置

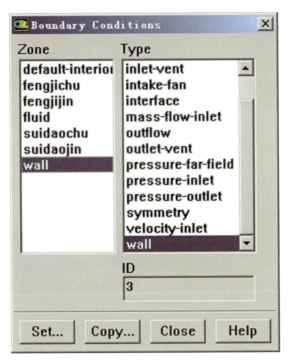

图 5-80　选择壁面

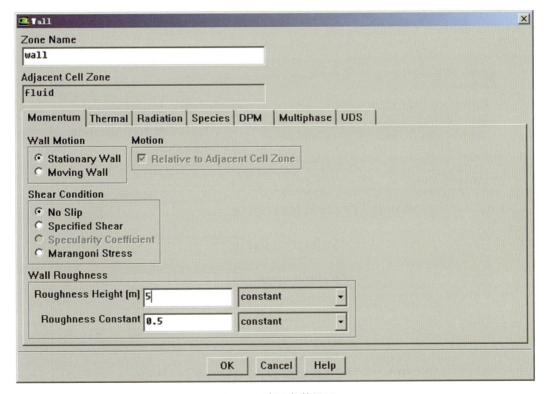

图 5-81　壁面参数设置

（6）执行 Solve→Control→Solution... 命令，保持默认值，单击 OK 按钮，如图 5-82 所示。

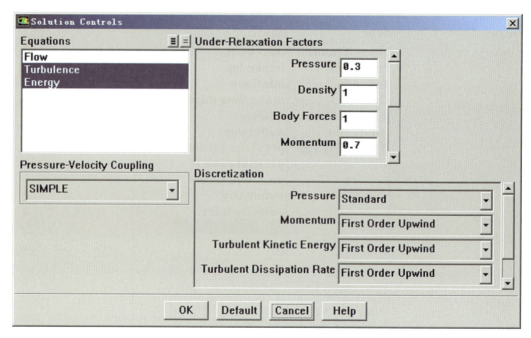

图 5-82 Solutio Control 对话框

（7）执行 Solve→Initialize→Initialize... 命令，在弹出的 Solution Initialize 对话框中选择 suidaojin，依次单击 Init、Apply、Close 按钮，如图 5-83 所示。

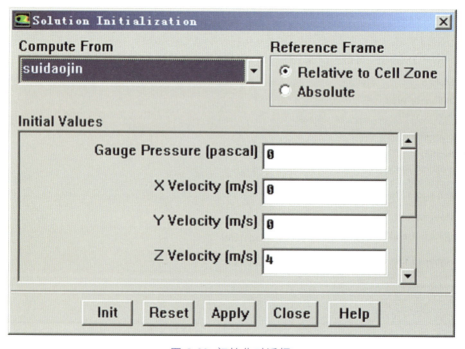

图 5-83 初始化对话框

（8）执行 Solve→Monitors→Residual... 命令，在 Residual Monitors 对话框中选中 Plot 保持默认收敛精度，单击 OK 按钮，如图 5-84 所示。

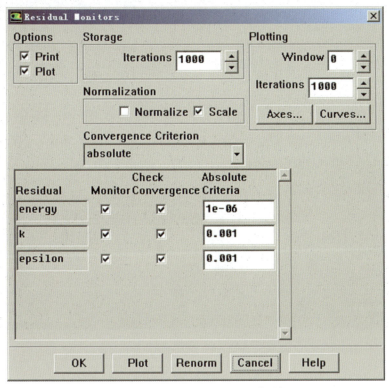

图 5-84　Residual Monitors 对话框

（9）执行 Solve→Iterate... 命令，设置 Number of Iteration 为 1000，单击 Iterate 按钮开始求解，如图 5-85、图 5-86 所示。

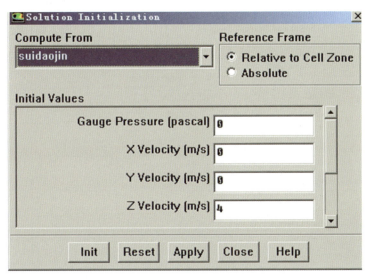

图 5-85　设置计算步数

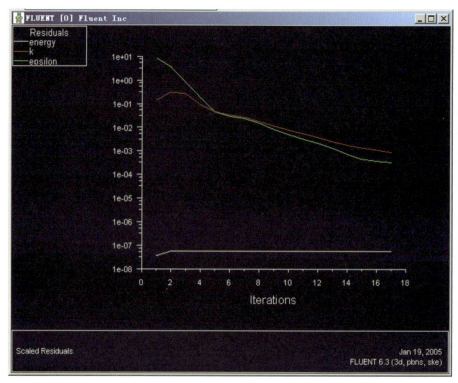

图 5-86 残差曲线

（10）迭代完成后，为显示立体的流场变化，需要定义剖面。执行 Surface→Plane... 命令，在弹出的 Plane Surfac 对话框中进行设置，如图 5-87 所示。

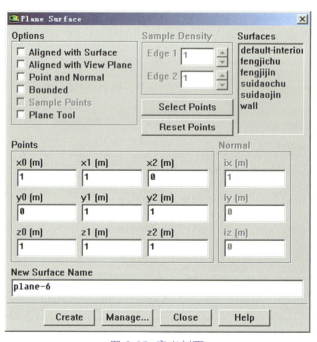

图 5-87 定义剖面

（11）执行 Display→Contours 命令，在 Contours 对话框 Surfaces 中选择"已经定义剖面"，选择 Contours of 下拉列表框中的 Pressure 和 Static Pressure，勾选 Filled，单击 Display 按钮，得到压强分布云图。改变 Contours of 下拉列表框中的 Velocity 和 Velocity Magnitude，单击 Display 按钮，得到空气的速度分布云图，如图 5-88 ~ 5-91 所示。

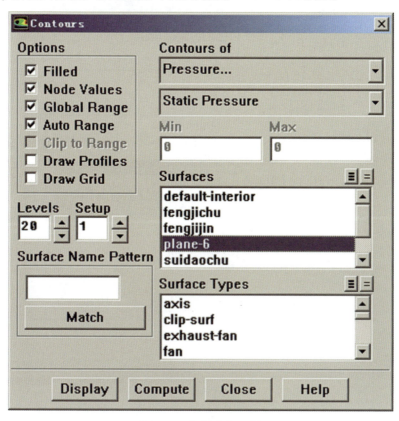

图 5-88　选择压力云图

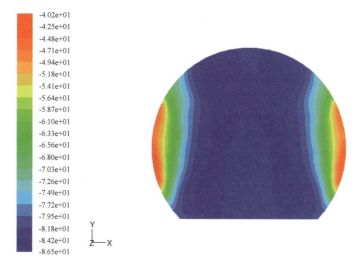

图 5-89　断面压力云图

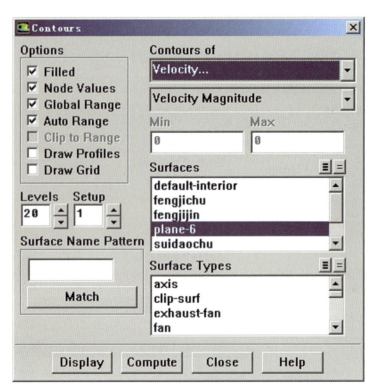

图 5-90 选择速度云图

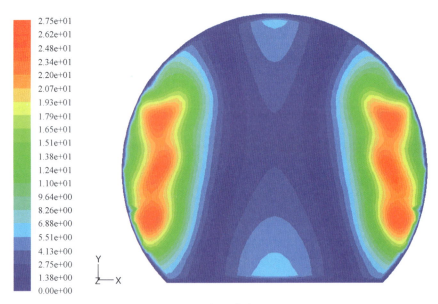

图 5-91 断面速度云图

（12）执行 Display→Vectors 命令，选择 Vectors of 下拉列表框中的 Velocity，单击 Display，得到速度矢量图，如图 5-92 所示。

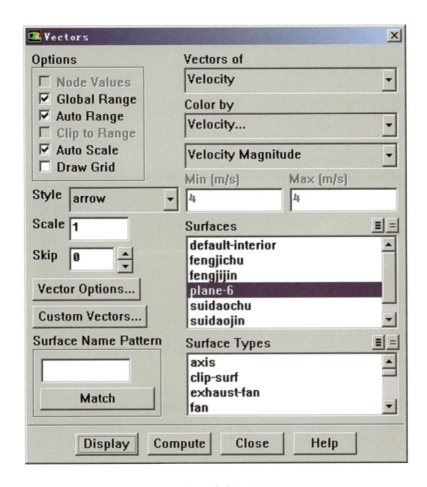

图 5-92　设置速度矢量图显示

（13）计算结果要保存为 case 和 data 文件，执行 File→Write→Case&Data... 命令，在弹出的文件保存对话框中进行保存。

（14）最后执行 File→Exit 命令，退出 FLUENT。

5.4.4　计算结果分析

在关角隧道内设计风速为 4 m/s 的情况下，采用 6 种计算模型分别对射流风机在隧道内的流场和增压进行了三维数值计算，结果如表 5-3 所示。

表 5-3 风机效率计算

风机布置情况	升压力数值结果 /Pa	升压力理论结果 /Pa	效率 /%
初步布置	138.378		87.63
1 号风机上移内靠	138.065		87.43
两边拱脚外扩	133.621	157.909	84.62
4 台风机中下布置	144.928		91.78
4 台风机上下布置	139.491		88.34
4 台风机中上布置	142.328		90.13

第 6 章　隧道防灾救援建模方法及应用实例

6.1　概　述

本章主要以应用实例的形式对隧道防灾救援的建模、计算、分析方法进行介绍。共分为以下几个部分：

（1）公路隧道防灾救援。

（2）铁路隧道防灾救援。

（3）地下铁道隧道防灾救援。

采用的分析软件主要为 FDS、EXODUS。

6.2　公路隧道防灾救援

近年来，我国公路建设事业迅猛发展，公路隧道无论是数量上还是长度方面都有显著的增长。可以说，目前我国已成为世界上隧道最多、最复杂、发展最快的国家。随着交通运输业的快速发展，在今后的一段时期内，还会有一大批的公路隧道建成投入使用。

公路隧道由于其位置和结构的特殊性，相对于其他路段来说，更易发生火灾。据国外统计，隧道火灾频率为：10 ～ 17 次 /（亿辆车·km），这虽然是一种小概率事件，但由于隧道属于狭长的筒状封闭结构，内部空间小，一旦发生火灾而得不到有效控制，温度将在极短的时间急剧升高，同时伴随产生大量的有毒烟气，不仅严重毁坏隧道设施和结构、中断交通，而且由于火灾发生后，隧道内逃生空间小，将严重威胁到人们的生命财产安全，造成难以估计的经济损失。国内外曾经发生过多起由隧道交通事故引发的火灾，都造成了灾难性的后果。公路隧道的火灾问题越来越受到人们广泛的重视，特别是对特长大公路隧道，火灾问题已成为所需解决的首要问题。

隧道火灾试验研究方面，国内主要以在实验室进行的模型试验为主，研究内容着重于通风控制火灾发生时隧道的温度、烟气的流向及流速、隧道火灾的消防方法、救援预案等，对火灾发生时的火焰动态特性以及隧道火灾增长发展的规律研究较少。

火灾试验由于费用高昂、重复性差及提取数据困难等不利因素，严重限制了其在火灾研究方面上的应用。相反，随着计算机技术发展而不断优化的三维数值模拟，由于具有诸多优点，而在隧道火灾数值模拟研究方面不断发展。西南交通大学、清华大学对此做了较多的工作。主要是使用 CFD 通用软件、FLUENT 软件、PHOENICS 软件、FDS 软件进行数值计算，或者以国外软件为基础开发程序，研究火灾发生时的烟气流动状况。

FDS 是由美国国家技术标准局 NIST 研究开发的场模拟软件,目前在公路隧道火灾数值模拟领域中应用较多。FDS 程序是专门解决火灾动力学发展的大祸模拟通用程序,以独特的快速算法和适当的网格密度,可以较为快速、准确地分析三维火灾问题。FDS 程序可以借助其他三维造型软件和网格生成工具,处理较为复杂的几何场景。它除了可以解决火灾发生及烟气的发展和蔓延过程,还具有分析火灾探测器和水喷淋灭火系统的功能模块,可以研究相应的消防设施对火灾发展的影响。

在此模型中,被模拟的建筑空间被划分为若干小型三维矩形控制体积或计算元胞,其中计算的参数包括密度、速度、温度、压力与气体种类以及浓度等。

FDS 可用来模拟火灾气体和烟气的生成及运动。计算时需要的输入值包括建筑结构的几何描述、计算元胞的尺寸、火源的位置、火源的热释放参数、洞内内地面 / 衬砌面和相关设备的热性能参数、救援横通道的尺寸和位置以及开放状态和时间。利用数值方法求解各个守恒的控制方程,可较精确地预测火灾发生时火场的压力、温度、速度及烟气流动等火灾的物理数据,并且可将模拟结果可视化,因此也较适合形状复杂的地下组合受限空间内的火灾模拟。

隧道内的火灾模拟是一个很常见的 FDS 应用。FDS 由于没有可视的用户界面,需要用户具有很强的空间思维能力,且容易出错。PyroSim 的图形用户界面可以作为消防动态仿真器(FDS)。该软件可以建立模型,导入 FDS 软件。下面以巴朗山公路隧道防灾救援为工程背景,演示 FDS 软件在公路隧道火灾研究方面的应用。

6.2.1 工程概况

巴朗山隧道工程位于四川省阿坝藏族羌族自治州南部小金县以东的小金、汶川、宝兴三县交界处,起止点与省道 303 线相连,起于 S303 线 K97 + 730(隧道桩号 K97 + 730),止于 S303 线 K125 + 760(隧道桩号 K107 + 449.95),设计高程约为 3 850 m。主洞隧道长 7.954 km(车行平导洞长 7.955 km),最大埋深为 871 m。

巴朗山隧道为单洞双向交通。公路等级:二级公路,地形类别:山岭重丘,设计速度为 40 km/h,路基宽度:8.5 m,行车道宽度 2×3.5 m。隧道主洞建筑限界 9.0 m×5.0 m,隧道内空断面积为 56.19 m²;隧道平导洞建筑限界 4.5 m×5.0 m,平导洞内空断面积为 28.97 m²。

平面总体布置为主洞 + 平导的模式,主洞与平导轴线大致平行,两者中线距离为 30 m。隧道内共设置了 16 处停车带(左右侧交错布置),9 处车行横通道和 27 处人行横通道,按照"车行 - 人行 - 人行 - 车行"模式进行布置,设计间距约为 300 m。隧道纵坡见表 6-1(以映秀至小金上坡为正,下坡为负)。

表 6-1 巴朗山隧道设计纵坡一览表

隧道名称	隧道长度 /m	隧道纵坡(%)/ 坡长(m)
巴朗山隧道(主洞)	7 954	1.44/570,0.63/3 600,－ 0.5/3 150,－ 1.28/620,－ 2.95/14
巴朗山隧道(平导)	7 955	1.44/580,0.63/3 610,－ 0.5/3 140,－ 0.5/ － 1.28/620,－ 2.141/5

对可能通风方案进行经济、技术等方面的比较并综合考虑地形及地质条件,最终推荐平导压入式分段纵向式通风作为巴朗山隧道的运营通风方案(见图 6-1)。

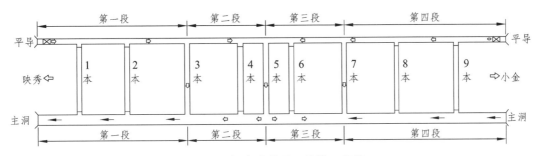

图 6-1　巴朗山隧道通风分段示意图

6.2.2 构建模型

1. 火灾场景描述

假定巴朗山隧道内只有一处发生火灾事故,一辆小轿车与一辆大货车相撞并引发火灾,火灾阻塞交通,无法通行,火源点恰好位于某人行横通道附近。在被困人员安全疏散至平导内后,为保证在灭火阶段主洞烟气不发生逆流现象,主洞内应加大排烟风速,使高温烟气从最近洞口排出。

入口风速大,逆流长度就小,或者没有逆流;入口风速小,逆流长度就大。逆流长度刚好为零的入口风速成为是临界速度(criticalvelocity)。FDS 广泛使用于逆流的研究。

2. 模型的建立

巴朗山隧道全长 7.9 km,若沿纵向全部建模,网格数量太大,计算速度很慢,经济性差。研究隧道临界风速,关心的是隧道内的高温烟气运动情况,虽然火灾中烟气会扩散到比较远的地方,但烟气层是否出现回流现象才是衡量临界风速的关键。所以计算模型的长度不必选择太长,这样也可以节约计算时间,提高效率。从相关研究资料来看,对于研究纵向风速对火灾的影响、烟气回流和临界风速等内容,隧道计算长度一般取 100 ~ 200 m,此次模拟选取计算长度为 100 m。

调研相关研究文献可知,在同一火灾规模下,火源中心与隧道中心线距离发生变化时,并不会影响临界风速的大小。模拟中将火源点置于隧道中轴线上,距离隧道入口 30 m 处。

断面尺寸选用巴朗山隧道主洞实际断面设计尺寸进行建模。

6.2.3 计算参数

火灾规模:《公路隧道通风照明设计规范》中所给的 2 ~ 3 m/s 排烟风速,是指设计火灾规模为 20 MW。此次模拟选用 20 MW 的火灾规模。

火灾发展曲线:不同的火灾发展速率具有不同的标准火灾发展曲线,但经过人员疏散阶段进入灭火排烟阶段后,火灾已充分发展,可将火源看作热释放率定常火源。

初始条件:主洞及平导内相对压力: 0.0 Pa;隧道外大气压强为多年平均大气压: 61.3 kPa;隧道内平均温度: 19 °C;隧道内空气密度: 0.84 kg/m³。

边界条件:隧道入口边界条件为速度、温度等不变的速度边界条件,出口边界条件取为隧道内外相对压力为 0 的压力边界条件。

隧道壁面：隧道壁的材料为混凝土，混凝土层外部为岩石层，内、外恒温 19 ℃。壁面与烟气之间的传热由程序计算，混凝土层内部为导热模型，其导热系数为 1.0 W/m·K，密度为 2 100 kg/m³，定压比热为 0.88 kJ/(kg·k)。在隧道固体壁面上，速度分量均采用无滑移边界条件，即壁面速度赋为 0。

6.2.4 模拟步骤

（1）启动 PyroSim，图 6-2 所示为 PyroSim 启动时的截图。

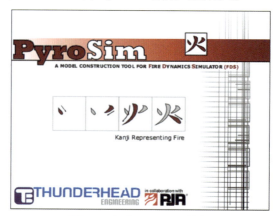

图 6-2 启动 PyroSim 软件

（2）建立网格。

所有的 FDS 计算必须在一个由许多矩形网格组成的界面下进行。FDS 在建立网格时，用 MESH 名称来定义，通过输入参数来实现网格化，三维可视图需要在 SmokeView 中查看，比较麻烦；可以利用 PyroSim 程序，在同一窗口下实现边建模边可视，以利于快速发现错误。

选择"模型设置"→"建立网格 …"在跳出的面板上点"新建"。把网格的边界设置为：最小 $X = 0$，最大 $X = 100$，最小 $Y = 0$，最大 $Y = 10$，最小 $Z = 0$，最大 $Z = 8$。同时选择划分方法为"统一的"，把网格数量设为 X 单元 = 250，Y 单元 = 20，Z 单元 = 16，如图 6-3 所示。

图 6-3 计算域的建立及网格化操作图

在 FDS 里面,基本形状只能是长方体的(尽管通过长方体的组合,能模拟复杂的几何形状),网格也只能是正交网格(点确定后可以看到)。按照以上设置,建立起主洞计算模型,计算域尺寸为 100 m×10 m×8 m。对每边网格划分,形成均匀的 0.4 m×0.5 m×0.5 m 小单元,总共有 80 000 个网格单元。在 FDS 中,由于求解器的特殊要求,每边划分的单元数通常要求是 2、3 或 5 的倍数。

点击"OK"后,网格就生成了,如图 6-4 所示。

图 6-4　计算域的网格化三维视图

(3)定义粒子。

这里的粒子并不是通常 CFD 软件里的拉格朗日粒子,只是为了后处理方便而定义的示踪粒子。选择"模型设置"→"粒子设置",然后点"新建"。粒子类型选择"无质量示踪剂",这样粒子没有质量,仅是示踪粒子。将粒子的颜色设为红色。这样在结果中会有红色的示踪粒子,如图 6-5 所示。

图 6-5　定义示踪粒子

（4）建立面。

实际上，在建立网格的时候，已经得到了计算模型。这里的面是用来定义边界条件的。要注意的是，这里仅仅定义边界条件，而没有给模型中的面指定边界条件。

定义入口边界："模型设置"→"表面设置"，打开编辑表面面板，点"新建"。表面名称是 BLOW，使用"绝热"作为模板。然后选择"表面类型"为"供给"，下面会有很多选项。系统定义的表面类型都有明确的物理意义，还是比较好懂的，这里可以定义入口空气的温度和速度。为了便于区分，把颜色选成蓝色。环境温度 = 20 ℃，面法向速度 = − 2.5 m/s。其中，− 2.5 m/s 代表气流速度为 2.5 m/s，方向为流入计算域（相反，+ 2.5 m/s 为流出计算域）。在第五个标签下，选中"EmitParticles"，ParticleType = PART。最后点 OK。各步骤的截图如图 6-6 所示。

图 6-6　建立入口边界面

建立 FIRE 面："模型设置"→"表面设置"，打开编辑表面面板，点"新建"。表面名称是 FIRE，使用"绝热"作为模板。然后选择"表面类型"为"燃烧器"，为了便于区分，把颜色选成红色。"单位面积的热释放率"设为 20 MW，其他选用默认值。点击 OK，过程如图 6-7 所示。

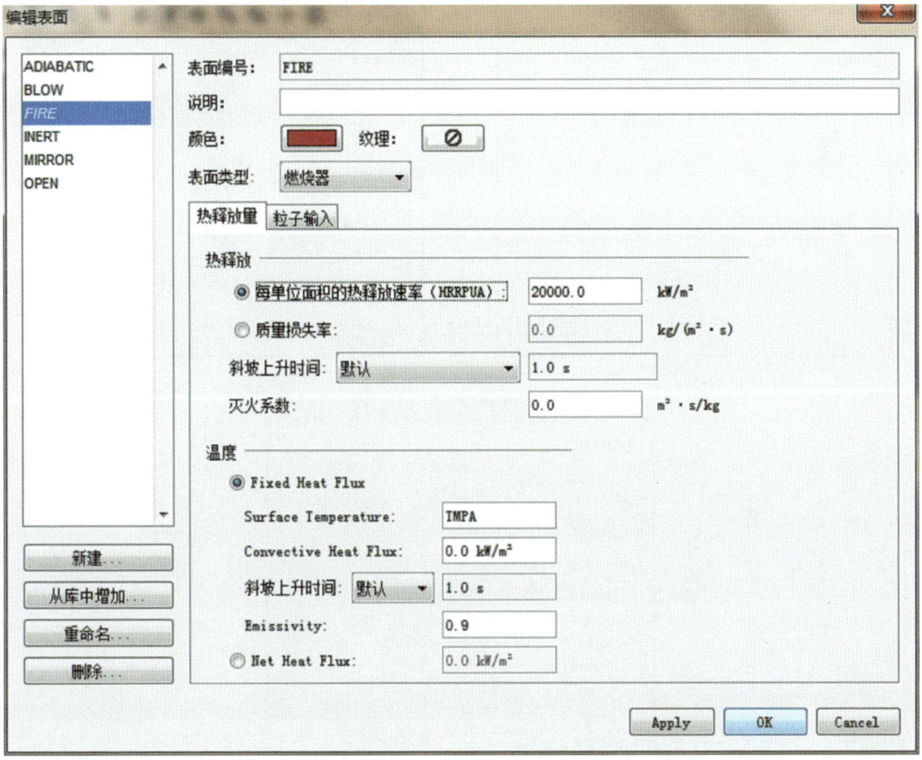

图 6-7　建立 FIRE 面

此外，还可以通过其他设置建立障碍物、洞口等模块。其设置参数均在"模型设置"中可以找到，按照子面板的相关参数可进行详细设置，在此不一一说明。

（5）定义边界条件。

按照上面的描述，有三个边界条件需要定义。

点击"模型设置"→"新建孔口"，打开通风性能面板。把整个 $X = 0$ 平面设成是速度入口，表面类型为"BLOW"，边界定义为"VENTBLOW"。在"几何"选项夹下设置 MinY = 0，MaxY = 10，MinZ = 0，MaxZ = 8，点击 OK。

同理，把整个 $X = 100$ 平面设成是压力出口，表面类型为"OPEN"，边界定义为"VENTOPEN"。MinY = 0，MaxY = 10，MinZ = 0，MaxZ = 8，点击 OK。

新建一个 FireRegion 边界条件，点击"模型设置"→"新建孔口"，打开通风性能面板。Description = VentFire，表面 = FIRE，Liesintheplane Z = 0，MinX = 30，MaxX = 31，MinY = 4.5，MaxY = 5.5，点击 OK，过程如图 6-8 所示。

图 6-8 依次定义隧道入口、出口和火源点边界条件示意图

（6）定义切面。

FDS 使用 LES 模型模拟湍流，会产生大量的瞬时数据。计算开始之前，仔细考虑应该保存什么信息。所有输出量在开始计算之前必须被详细列出，如果不是这样，计算完成后就没有办法查看计算结果。计算结果的可视化有几种不同的方法：DEVC 参数组被用来列出测量点；使用 SLCF 或 BNDF 参数组可以保存二维数据（即切面数据），为气态或是固态；对于流动区的静态画面，使用 Plot3D 参数组来定义输出。

在这里以保存切面数据为例。FDS 里面需要定义切面，这样切面数据会保存下来。

在 $Y = 5$ 平面定义一个切面来显示隧道中轴线平面上的温度、速度等参数。点击"导出"→"切面 …"打开动画平面切片面板。选择 XYZ 平面 = Y，输入平面数值 = 5，气相数量 = Temperature，使用 Vector？= No。同理设置平面速度输出切面，完成后点击 OK，如图 6-9 所示。

图 6-9　切面输出数据的设置方法

（7）设定系统参数。

FDS 中 MISC 是各类输入参数的名称列表组，数据文件中有且只能有一个 MISC 工具条。当范围或重要性不同，该 MISC 参数均会有所不同。例如：

TMPA 定义环境温度，默认 20°；U_O，V_O，W_O 定义各坐标的气流速度的初值，单位为 m/s，默认值为 0，主要用于定义通过主界面的初始风速，比如有风时的室外模拟；DTSPAR 定义水喷淋插入粒子的时间增量（默认 0.05 s），等等。

本例中，根据确定的巴朗山隧道实际计算参数，依次点击"FDS"→"模拟参数 …"，打开模拟参数面板。该面板下可以设置 FDS 计算中所需的时间、输出、环境、粒子、模拟器、辐射、角的几何形状等相关参数。这里设置模拟时间为 300 s，初始时间间隔为 0.15 s，并将环境压力改为巴朗山隧道隧址处的压强，即 61.3 kPa，如图 6-10 所示。

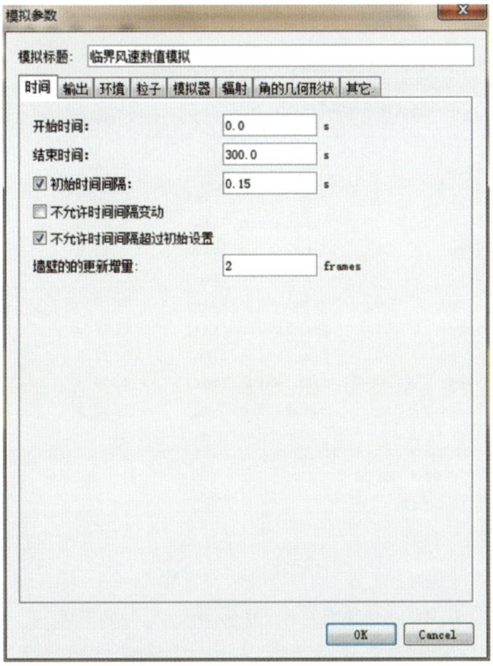

图 6-10　设置 FDS 数值模拟前的模拟参数

（8）运行 FDS。

点击"FDS"→"运行 FDS…"，先保存一个合适的 *.data 文件。且在以上操作进行的同时，软件会将所做的设置按照 FDS 语言的形式进行记录，点击主窗口下的"记录视图"可以查看，图 6-11 所示即为相关 data 文件。

然后 FDS 求解器会启动，如图 6-12 所示，求解时间的长短根据网格数量与计算机的性能综合决定，一般大尺寸的火灾模拟计算用时较长。求解结束后，会自动跳出 SmokeView 查看计算结果。

图 6-11 在记录视图下查看模拟设置参数

图 6-12 FDS 计算模拟过程

（9）检查结果。

SmokeView 是专门查看 FDS 计算输出结果的三维可视程序。在窗口内右键点击打开"设置""输出"选项，可以查阅用户手册进行相应的设置。该程序的基本功能包括三维等值面、云图（二维等值面）、矢量图、粒子追踪、图像剪切、边角柔化等。

在自动弹出 SmokeView 窗口上面点右键 Load/Unload→SliceFile→TEMPERATURE→*Y = 5.0，显示前面定义的切面上的温度云图，见图 6-13。

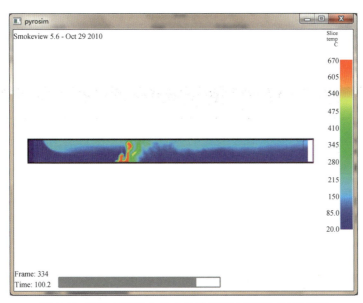

图 6-13　巴朗山隧道主洞中轴线切面上温度 - 时间云图

同理在 SmokeView 窗口上面，点右键 Load/Unload→ SliceFile→ VELOCITY→*Y = 5.0，显示前面定义的切面上的速度云图，见图 6-14。

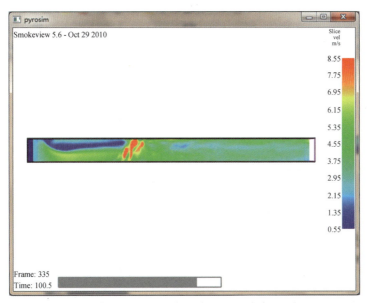

图 6-14　巴朗山隧道主洞中轴线切面上速度 - 时间云图

在 SmokeView 窗口上面点右键 Load/Unload→3DSmoke→*SOOTMASSFRACTION，显示火灾产生的烟雾在隧道内的扩散情况，见图 6-15。

图 6-15　巴朗山隧道 V = 2.5 m/s 速度下，主洞烟雾状况

6.2.5　计算结果分析

从隧道中轴线纵断面速度 - 时间云图来看：通风风速为 2.5 m/s 时，在火源点上游隧道顶部会出现一段低速的回流气团，逆流风速约为 1.2 m/s；由于火风压作用以及火焰的阻塞作用，使得火源点下游一段距离内风速增大到 8 m/s；火源附近空气受热膨胀，向上运动，碰到隧道顶部壁面而产生顶棚射流，热烟气被迫下沉并沿隧道拱部运动。

从上面的温度、速度云图及主洞烟雾扩散情况可以看到，在入口速度为 2.5 m/s 的时候，隧道内有非常显著的回流。也就是说 2.5 m/s 的纵向通风风速，不足以阻止烟气向上游扩散。因此，应增大入口速度，继续研究这个问题的临界速度是多少。

6.3　铁路隧道防灾救援

列车在隧道中发生行车事故后，若不能将列车完全驶离隧道，则在救援方式上主要考虑两种方式的救援模式，即"定点"救援模式及随机停车救援模式。

（1）"定点"疏散救援。

"定点"疏散所考虑的主要因素是旅客列车车厢发生火灾后，通过车厢内的消防手段不能控制火情，在将着火车厢内的旅客疏散到相邻车厢并封闭其端门之后，确定将列车驶入隧道中设置的"定点"区域，在隧道内的"定点"进行人员疏散和消防灭火。

（2）随机停车疏散救援。

随机停车疏散救援方式主要是利用两条单线隧道间互相救援。两座单线隧道间互为救援隧道，当一条隧道中发生事故后，列车随即停下，人员就地下车通过隧道中设置的连接两条单线隧道的横通道进行疏散，然后通过救援列车或紧急出口实施人员救援。

无论采用哪种救援方式，当列车上某节车厢发生火灾时，首先都要在车厢内组织旅客人员的疏散，即在车厢内采用消防的同时，组织旅客向两端相邻的车厢内疏散。当列车停止后，人员下车向安全区域方向进行疏散逃生。

6.3.1　工程概况

关角隧道位于青藏线西宁至格尔木段增建第二线天棚车站与察汗诺车站之间，隧道起讫里程为 DK280 + 550—DK313 + 195，全长 32.645 km，设计为两座平行的单线隧道，线间距为 40 m，隧道位于直线上，Ⅰ、Ⅱ 线隧道的纵向设计坡度基本一致，从进口至出口，设计坡度及坡长依次为 10‰/100 m、8‰/13 850 m、3‰/600 m、− 7‰/600 m、− 9.5‰/17 495 m。

隧道采用钻爆法施工，施工辅助坑道（斜井）10 座，其中位于隧道中部的 6 号斜井里程为 DK295 + 110，长度 $L = 2$ 824.13 m。隧道中共设计 77 座联络横通道，平均间隔为 420 m，进口与出口处的两条横通道距离洞口分别为 360 m 和 365 m。

关角隧道进口轨面高程为 3 380.97 m，出口轨面高程为 3 323.58 m；6 号斜井井底高程为 3 485.10 m，井口高程为 3 774.30 m（见图 6-16）。

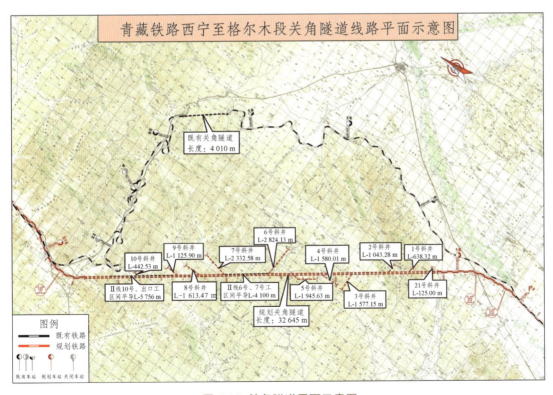

图 6-16　关角隧道平面示意图

6.3.2 构建模型

关角隧道是一条双洞单线铁路隧道，两条主隧道之间由联络横通道相连通。当隧道内发生行车灾害后，如若列车不能驶出隧道，则列车需要停在横通道加密处进行紧急人员疏散。人员通过联络横通道由事故隧道进入无事故隧道后视为人员进入安全区域。本例题所要构建的人员疏散模型为列车停在隧道的横通道加密处进行紧急的人员疏散，目的是得到全部人员进入无事故隧道所用的时间，即人员疏散的必需安全时间。

6.3.3 计算参数

人员疏散的仿真模拟建模时需要给出活动的范围和人的属性。进行铁路隧道内人员疏散建模时，需要的计算参数主要有隧道尺寸参数、列车参数以及人的参数三类。

1. 隧道尺寸参数

人由于是在地面进行逃生，因此，隧道的尺寸参数包括事故隧道宽度、事故隧道纵向人行通道的宽度与台阶的高度、横通道加密处的长度、横通道的长度与宽度、横通道的间距以及横通道与事故隧道之间的门的宽度等 8 项。具体参数值如表 6-2 所示。

表 6-2 隧道尺寸参数

主洞			横通道				
宽度 /m	人行通道宽度 /m	台阶高度 /m	加密处长度 /m	长度 /m	宽度 /m	间距 /m	门宽 /m
6.3	1.15	0.25	540	30	4	60	2

2. 列车参数

所选取的列车共 17 节车厢，其尺寸参数包括火车车厢内部宽度、每节车厢内部长度、相邻车厢内部间距、车厢内纵向通道宽度以及每辆车两侧前后各门宽度。具体参数值如表 6-3 所示。

表 6-3 列车尺寸参数

车厢宽度 /m	车厢长度 /m	车厢间距 /m	通道宽度 /m	车厢门宽 /m
3	24.5	1	0.5	0.8

3. 人的参数

（1）人员数量。

列车满员时的乘客人数为 1 480 人，工作人员约 50 人，共 1 530 人。硬座车厢按超载 60% 计算，则列车所载人数大约为 2 145 人。列车前面车厢为卧铺车厢，后面车厢为硬座车厢，如图 6-17 所示。

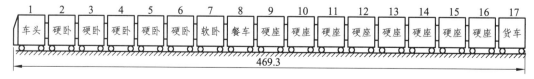

图 6-17 火车示意图

因此,列车上人员分布密度是前部小,后部大。每辆车满载时的具体人数见表6-4。

表 6-4 每辆车的规定人数

车辆类型	硬座车	硬卧车	软卧车	餐车
人数	128	66	36	90

(2)人员疏散速度。

人员在火灾隧道中疏散的速度主要与人的年龄、隧道内的可视度以及路面的不平整度有关系。

隧道内可视度。对于隧道内火灾发生时的人员疏散情况,目前还没有资料明确的说明人在隧道中的逃生速度,但是可以根据其他建筑物的烟气能见度、安全出口路标的引导下,推断有秩序的行走速度大致为 0.5 ~ 1.5 m/s。PIARC 根据实际观测数据,给出了人员在有刺激性和无刺激性烟气中的行走速度。

人员在火灾中的逃生速度与消失系数 K 有关。在看不清的情况下,疏散速度只有 0.3 m/s,消失系数的临界值为 0.4。因此在模拟中应考虑烟气对疏散速度的影响。但在火灾发生的初期,烟雾浓度达不到临界值,因此,这里取消失系数为 0.35。其中烟气对人员移动速度的影响,采用的是 Frantzich 和 Nilsson 通过一系列实验得到的拟合经验公式如下:

$$v_i^0\left(K_{\mathrm{s}}\right) = \max\left\{v_{i,\min}^0, \frac{v_i^0}{\alpha}(\alpha + \beta K_{\mathrm{s}})\right\} \tag{6-1}$$

式中,K_{s} 为消光系数,参数 α 和 β 分别为 0.706 ms^{-1} 和 -0.057 m^{2}s^{-1},$v_{i,\min}^0 = 0.1v_i^0$。

地面不平整度。人在火灾隧道内逃生时,考虑到隧道空间有限,人行道宽度窄小以及是否需要穿过火源发生位置,所以,人在逃生的过程中有时候是在不平的地面或铁轨上行走。由 EXODUS 软件分析得出,人在不平的地面或铁轨上行走的速度比在平地上行走的速度下降 30% ~ 40%。

不同类别人群中的速度分布采用均匀分布模式,不同人群疏散速度见表6-5。

表 6-5 模拟计算中不同人员类型的疏散速度取值

人员类型	儿童	成年男性	成年女性	老年人
平坦地面无烟行走速度 / (m/s)	0.8	1.2	1	0.72
平坦地面有烟行走速度 / (m/s)（$K = 0.35$）	0.78	1.17	0.97	0.7
不平地面有烟行走速度 / (m/s)（$K = 0.6$）	0.47	0.7	0.58	0.42
忍耐度	1 ~ 3	3 ~ 5	3 ~ 5	2 ~ 4

(3)人员分配比例和人员属性。

人员分配比例和人员属性见表6-6、表6-7。

表 6-6　人员分配比例

性别	男性				女性			
年龄	8 ~ 16	17 ~ 30	31 ~ 50	51 ~ 80	8 ~ 16	17 ~ 30	31 ~ 50	51 ~ 80
比例	6%	30%	17%	4%	4%	23%	13%	3%
人数	129	643	365	86	86	493	279	64

表 6-7　人员属性平均值

年龄	身高 /m	体重 /kg	移动速度 / (m/s)	反应时间 /s
46.5	1.7	65.23	0.57	15.2

6.3.4　模拟步骤

EXODUS 软件进行人员疏散模拟的步骤：建立活动区域（画出网格）→ 链接网格 → 设置出口 → 人员属性设置 → 运行计算 → 结果输出。

1. 建立活动区域（画出网格）

在本题中，建立活动区域主要是指画出隧道内的活动区域以及列车中的活动区域。点击 ![EXODUS.exe] 进入建模窗口。

（1）进入 GeometryMode（几何模型）的建模窗口，窗口上方有标题栏、菜单栏和工具栏，如图 6-18 ~ 6-20 所示。

图 6-18　标题栏

图 6-19　菜单栏

图 6-20　工具栏

（2）画出一节车厢长度范围内的隧道活动区域。工具栏中的 ![绿色方块] 是自由单元，每个单元大小为 0.5 m×0.5 m。选择 ![绿色方块]，在绘图窗口中点击鼠标左键拖动，定出隧道纵向人行通道的区域，松开鼠标，这时会出现如图 6-21 所示的窗口，继而输入隧道纵向人行通道的长度与宽度，换算成单元格的个数即为图 6-21 所示的数量。

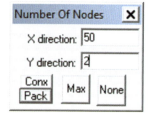

图 6-21　自由单元设置窗口

点"回车"后,即可画出一侧纵向人行通道的范围。以同样方法画出另一侧纵向人行通道的范围,两条通道之间为 10 个单元格的距离。两侧的人行通道画完后如图 6-22 所示。这里如若画错需要删除重画,可点击菜单栏中 Edit→Delete,里面有删除连接选项、删除线条和删除单元选项。

图 6-22 两侧的纵向通道

(3)画出隧道纵向人行通道的台阶。工具栏中 ![stair] 是楼梯单元,选择 ![stair],在绘图窗口中点击鼠标左键拖动,定出隧道纵向人行通道台阶的区域,松开鼠标,这时会出现如图 6-23(a)所示的窗口,继而输入隧道纵向人行通道台阶的总长度、宽度和台阶方向。

阶梯的方向可以选择,此软件规定:若出口设置在阶梯上方,选择阶梯方向中的"up"表示上楼,"down"表示下楼;若出口设置在阶梯下方,选择阶梯方向中的"up"表示下楼,"down"表示上楼。这里设置出口在隧道的下方,因此,图中上侧的台阶设置时选择"up",下侧的台阶选择"down"。

进入"高级选项",在这里可以设置每节台阶的水平宽度和高度,如图 6-23(b)所示。

StairDialogue

Width (m) : 25

Drop (m) : 0.15

Lane Wdt (m) : 0.5

Direction : up

Num. Risers : 1

Advanced

OK　　　Cancel

(a)

Advanced

Hand Rail

☐ Hand Rail

Size : 0.0

☐ Eff. Width

Eff. Width 0.0

Riser H (m) 0.15

Riser Dpt (m) 0.25

OK　　　Cancel

(b)

图 6-23 楼梯单元设置窗口

设置完成后点"OK"便可画出隧道纵向通道的台阶，如图 6-24 所示。

图 6-24 两侧带有台阶的纵向通道

（4）画出列车的活动区域。同样选择 ▇ 画出列车内部的纵向通道和车厢之间连接区域的范围。需要说明的是，虽然车厢门宽实际为 0.8 m，但在建模时按 0.5 m 建模。因为每个自由单元格是边长为 0.5 m 的小方格，在人员疏散的过程中，同一时间一道车厢门只能通过一个人，而软件默认一个自由单元只能容纳一个人通过。因此，车厢门宽度在建模时取 0.5 m。工具栏中的 ◣ 为座位，选择 ◣ 将每节车厢的座位位置定出来。车厢的模型图如图 6-25 所示。

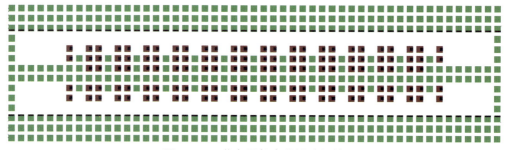

图 6-25 一节车厢长度的活动区域

工具栏中 ⊕ 和 ⊖ 可以将模型放大和缩小。

2. 连接单元格

单元格画好后，需要将其连接成一个完整的区域。工具栏中 ▷ 是选择的意思，点击 ▷ ，单击鼠标左键，选择需要连接的单元格，再在菜单栏中找到 tool→Autoconnect，里面有水平连接、垂直连接、水平和垂直连接、对角连接以及全部连接。根据人员实际的疏散路线进行选择，比如，在隧道内人员可以向任何方向移动，这时可以选择"全部连接"，而在车厢里则有一些活动限制，则需要根据具体情况选择连接方式，如图 6-26 所示。

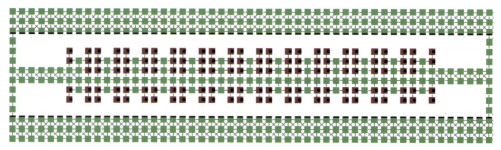

图 6-26 连接后的活动区域

当一节车厢长度范围内的活动区域均画好后，可以点击 ![icon]，选择已画好的全部单元，再点击工具栏中的 ![icon]（复制）和 ![icon]（粘贴）选项，画出其他 16 节车厢，通过移动，排好每节车厢的活动区域。最后将每节车厢的活动区域连接起来。

选择 ![icon]，画出一条横通道的区域，其中包括门的宽度。再选择工具栏中的 ![icon]（复制）和 ![icon]（粘贴）选项，画出其他 9 条横通道并连接。再以同样的方法画出另一条隧道。最后的几何模型如图 6-27 所示。

图 6-27　完整活动区域模型图

3. 设置出口

在横通道与无事故隧道的交界处设置出口。选择工具栏中 ![icon]，画出出口的门，再选择 ![icon] 将出口与活动区域连接为一体，如图 6-28 所示。

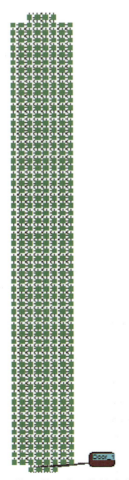

图 6-28　横通道及出口的放大模型图

4. 人员属性设置

（1）点击工具栏中   进入 PopulationMode（人的模型）。同样，人的模型建立窗口上方有菜单栏和工具栏，菜单栏与几何模型建立窗口的一样，工具栏如图 6-29 所示。

图 6-29 工具栏

（2）选择人所在区域。点击工具栏中  ，选择一节车厢作为区域，例如第 9 节车厢，即硬座车厢。

（3）设置人员属性。选择完区域后点击  ，出现人员设置的窗口。可以通过点击 Create 和 Remove 进行增减人员类型。在这里可以设置所选区域的总人数、每种类型的人员的数量比例，如图 6-30 所示。

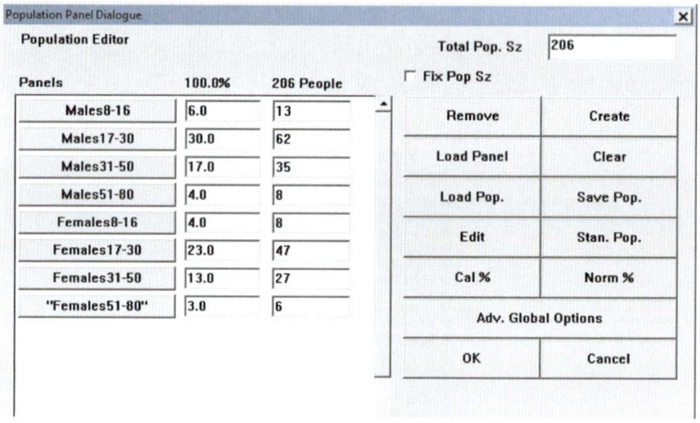

图 6-30 人员数量比例设置窗口

双击每一种人员类型的名字，即可对该类型的人的属性进行参数设置，包括人的移动速度、反应时间、忍耐程度、年龄、体重和身高等。以 8 ~ 16 岁的男性为例，如图 6-31 所示。

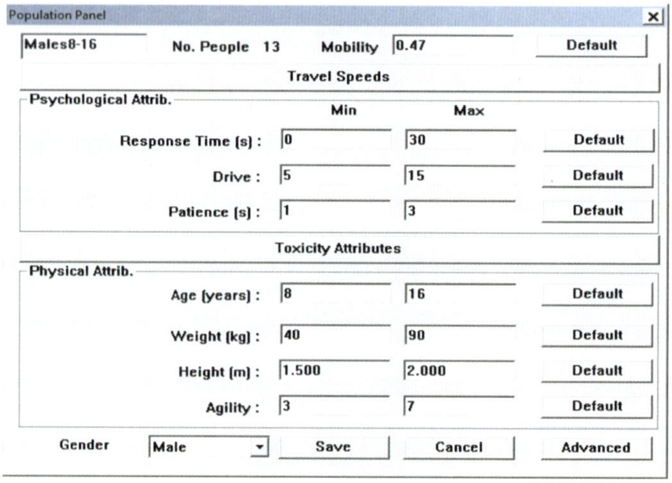

图 6-31 人员属性设置窗口

人员属性设定好后点保存退出。如图 6-32 所示,可以看到人员已随机安排。

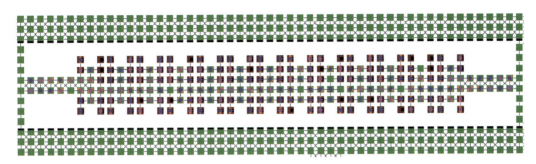

图 6-32　包含人的车厢模型

再重复上述（2）和（3）步骤,将其余 16 节车厢的人数及人员属性进行定义和布置。这里如若画错需要删除重画,可点击菜单栏中 Edit→Delete,里面有"删除每个人"选项和"删除选定区域的人"选项。此时,人员疏散的模已全部建完,点击 ▣ 保存。

5. 运行计算

（1）点击工具栏中 ▶▶ 进入 SimulationMode（模拟模型）。同样,该窗口上方有菜单栏和工具栏,如图 6-33、图 6-34 所示。

图 6-33　菜单栏

图 6-34　工具栏

（2）进行运算。点击工具栏中的 ▶ ,模型将进行运算。需要暂停记录时间时可以点击 ▥ 暂停。点击 ▦ 可以隐藏自由单元格,有助于观察人员在疏散过程中的情况。计算完成后保存并退出建模窗口。

6. 结果输出

点击 🖼 进入结果输出窗口。结果输出中包含有人员全部进入安全区域所经历的时间、第一个人和最后一个人所用时间、疏散过程中的等待时间以及人的平均反应时间、平均年龄、平均身高体重等计算结果,根据需求从中提取。结果输出窗口如图 6-35 所示。

6.3.5　计算结果分析

人员疏散时,所有人以距离出口最短的距离向出口移动,我们所关心的是全部人员每个时刻所在位置及所用的疏散时间。人员的疏散情况如图 6-36 ~ 6-39 所示。

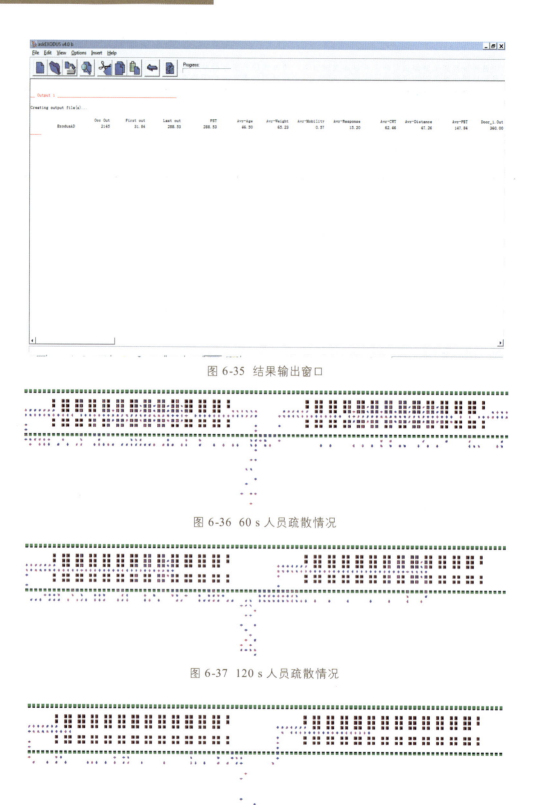

图 6-35　结果输出窗口

图 6-36　60 s 人员疏散情况

图 6-37　120 s 人员疏散情况

图 6-38　180 s 人员疏散情况

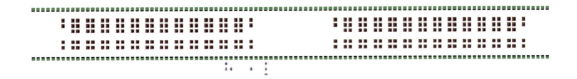

图 6-39　240 s 人员疏散情况

全部疏散完后的计算结果如表 6-8 所示。

表 6-8　人员疏散计算结果

总人数	疏散平均距离 /m	进入横通道时间 /s	进入无火灾隧道时间 /s
2 145	56.9	252	291

由表 6-8 可知，列车上 2 145 人全部由事故隧道进入无事故隧道需要的必需安全疏散时间为 291 s。需要说明的是，这种结果是在横通道间距为 60 m，横通道的门宽为 2 m 的情况下得到的结论。如果需要研究横通道的间距或门宽对人员疏散的影响，可以变换计算参数，将计算得到的结果进行对比分析。

下面分别构建加密横通道间距为 70 m 和 80 m 的人员疏散模型，如图 6-40、图 6-41 所示。

图 6-40　横通道间距 70 m 人员疏散模型

图 6-41　横通道间距 80 m 人员疏散模型

表 6-9 所示为横通道间距为 70 m 和 80 m 情况下的人员疏散时间。

表 6-9　不同横通道间距的人员疏散计算结果

总人数	横通道间距 /m	疏散平均距离 /m	进入横通道时间 /s	进入无火灾隧道时间 /s
2 145	70	59.5	273	315
2 145	80	63.7	310	349

由表 6-9 可知，人员疏散的必需安全时间随着横通道间距的增大而增加。因此，在设计时考虑人员疏散的安全性以及修建隧道的经济成本，选择最为合理的加密横通道间距。

参考文献

[1] 李志业, 曾艳华. 地下结构设计原理与方法 [M]. 成都: 西南交通大学出版社, 2003.

[2] 李权. ANSYS 在土木工程中的应用 [M]. 北京: 人民邮电出版社, 2005.

[3] 余涛. TBM 先行过站大跨径地铁车站扩挖施工技术研究 [D]. 西南交通大学, 2013.

[4] 王明年, 张晓军, 苟明中, 等. 盾构隧道掘进全过程三维模拟方法及重叠段近接分区研究 [J]. 岩土力学, 2012 (1).

[5] 王明年. 高地震区地下结构减震技术原理的研究 [D]. 西南交通大学, 1999.

[6] 徐瑞. 卵石地层明挖铁路隧道近接施工技术研究 [D]. 西南交通大学, 2014.

[7] 江黎. 层状岩超小净距特大断面地铁车站关键施工技术研究 [D]. 西南交通大学, 2013.

[8] 彭文斌. FLAC3D 实用教材 [M]. 北京: 机械工业出版社, 2009.

[9] 魏龙海. 基于颗粒离散元法的卵石层中成都地铁施工力学研究 [D]. 西南交通大学, 2009.

[10] 陈伟, 崔浩浩, 秦龙. 基于 FDS 的火灾仿真研究 [J]. 计算机仿真, 2011 (12).

[11] 田玉敏. 火灾中人员的行为及其模拟计算方法的研究 [J]. 安全与环境学报, 2006 (2).

[12] 王瑞金, 张凯, 王刚. FLUENT 技术基础与应用实例. 北京: 清华大学出版社, 2007.